TAROT EXPRÉS
EL ARTE DE LEER
EL FUTURO

Michèle Mazilly

TAROT EXPRÉS
EL ARTE DE LEER
EL FUTURO

Tiradas con dos o más arcanos
Respuestas rápidas a preguntas concretas

A pesar de haber puesto el máximo cuidado en la redacción de esta obra, el autor o el editor no pueden en modo alguno responsabilizarse por las informaciones (fórmulas, recetas, técnicas, etc.) vertidas en el texto. Se aconseja, en el caso de problemas específicos —a menudo únicos— de cada lector en particular, que se consulte con una persona cualificada para obtener las informaciones más completas, más exactas y lo más actualizadas posible. EDITORIAL DE VECCHI, S. A. U.

Traducción de Sofía Noguera Mendía.
Diseño gráfico de la cubierta: © *YES.*
Fotografía de la cubierta: © *D.R.*

© Editorial De Vecchi, S. A. 2019
© [2019] Confidential Concepts International Ltd., Ireland
Subsidiary company of Confidential Concepts Inc, USA
ISBN: 978-1-64461-435-8

El Código Penal vigente dispone: «Será castigado con la pena de prisión de seis meses a dos años o de multa de seis a veinticuatro meses quien, con ánimo de lucro y en perjuicio de tercero, reproduzca, plagie, distribuya o comunique públicamente, en todo o en parte, una obra literaria, artística o científica, o su transformación, interpretación o ejecución artística fijada en cualquier tipo de soporte o comunicada a través de cualquier medio, sin la autorización de los titulares de los correspondientes derechos de propiedad intelectual o de sus cesionarios. La misma pena se impondrá a quien intencionadamente importe, exporte o almacene ejemplares de dichas obras o producciones o ejecuciones sin la referida autorización». (Artículo 270)

Dedico este libro a mis hijos, Johan y Lydwine, que han sabido, a través de todos sus años, hacer nacer, madurar y cuidar su propia personalidad mientras respetaban mi filosofía de la vida.

Doy las gracias a todo el equipo que me ha ayudado en la confección de este libro, y a los alumnos que asisten a mis cursos, que me animaron a emprender esta tarea.

Índice

Introducción 11
¿Por qué el tarot de Marsella? 13
¿A quién puede echar las cartas? 15
Los 22 arcanos mayores del tarot de Marsella 17
Explicación de los 22 arcanos mayores 19
Cómo leer las cifras romanas 19
El Mago: arcano I 20
La Sacerdotisa: arcano II 21
La Emperatriz: arcano III 21
El Emperador: arcano IIII 21
El Sumo Sacerdote: arcano V 22
El Enamorado: arcano VI 22
El Carro: arcano VII 23
La Justicia: arcano VIII 23
El Ermitaño: arcano VIIII 24
La Rueda de la Fortuna: arcano X 24
La Fuerza: arcano XI 25
El Colgado: arcano XII 25
El Arcano sin nombre: arcano XIII 26
La Templanza: arcano XIIII 26
El Diablo: arcano XV 27
La Casa de Dios: arcano XVI 27
La Estrella: arcano XVII 28
La Luna: arcano XVIII 28
El Sol: arcano XVIIII 29
El Juicio: arcano XX 29
El Mundo: arcano XXI 30

El Loco: arcano XXII, o Arcano sin número. 30
Guía exprés sobre el tarot (resumen). 31
El ritual: método para acceder a la intuición 33
Explicación de la tirada exprés 35
Instrucciones antes de una tirada. 37
Cortar. 39
Tirada exprés 41
Explicación de la posición de los arcanos
   en la tirada exprés 42
Algunos arcanos difíciles en la tirada exprés 43
El Loco (0) 43
La Casa de Dios (XVI) 44
La Templanza (XIIII) 46
El Diablo (XV) 47
Preguntas de orden profesional 49
Ejemplos 50
Pregunta sobre un despido (tema delicado):
   respuestas según el 5.º arcano resultante 96
Preguntas de orden económico. 97
Ejemplos 98
Pregunta sobre un negocio durante este año:
   respuestas según el 5.º arcano resultante 136
Hijos 137
Ejemplos 138
Pregunta sobre los exámenes de los hijos:
   respuestas según el 5.º arcano resultante 154
Amor. 155
Sensibilidad y emotividad según los signos del zodiaco . . . 156
Aries 156

Tauro 157
Géminis 157
Cáncer 157
Leo 158
Virgo 158
Libra 159
Escorpio. 159
Sagitario 159
Capricornio. 160
Acuario 160
Piscis 161
Afinidades 161
Ejemplos 162
Pregunta sobre el divorcio:
   respuestas según el 5.º arcano resultante 192

Lapso de tiempo dado por el tarot de Marsella 193

Explicación de los arcanos difíciles
   en el tarot de Marsella 197
   El Mago: arcano I 197
   El Colgado: arcano XII 198
   El Arcano sin nombre: arcano XIII 199
   El Diablo: arcano XV 200
   La Casa de Dios: arcano XVI 202
   El Juicio: arcano XX. 203
   La Estrella: arcano XVII 204
   La Luna: arcano XVIII 205
   La Templanza: arcano XIIII. 206
   El Enamorado: arcano VI 207

Tirada con dos arcanos 208

Tirada con sólo tres arcanos mayores 209

El juego de los 10 arcanos. 211

Tirada astrológica 221

Arcanos difíciles en la rueda astrológica 233
Casa de Dios (XVI) 233
Templanza (XIIII) 234
Mago (I). 235
Enamorado (VI) 236
Luna (XVIII) 238
Sol (XVIIII) 239

Demostración de varias tiradas. 241
Tirada de la semana 241
Tirada relativa a un proyecto 242
La cruz céltica. 244
El juego del nombre. 245
Oráculo del espejo. 246

Meditación: tres niveles de energía. 249

Epílogo 251

Léxico 253

Introducción

En la actualidad, el término *intuición* aparece constantemente en nuestras conversaciones, ya sean de orden personal (amigos, familia, relaciones en general…), ya profesional (intercambios comerciales, creación, artesanía, medicina, política y otras muchas actividades). Cada vez recurrimos más a la intuición, parte esencial de nosotros mismos que juega un papel importante en nuestras ideas y decisiones, ya que la detectamos, experimentamos y, finalmente, la acabamos integrando en nuestra vida cotidiana. A fuerza de trabajar con ella, se convierte para nosotros en una amiga querida, de la cual ya no podemos prescindir y a la que recurrimos cuando nos hace falta. Está presente y se expresa independientemente de nosotros, de forma inconsciente.

El tarot de Marsella nos puede ayudar a confirmar nuestras intuiciones acerca de algo concreto. Constituye un apoyo sencillo e interesante para entrar en el mundo de lo invisible, pero también para obtener respuestas prácticas.

A una pregunta simple, una respuesta clara: por esta razón no entro en detalle en el significado y el simbolismo del tarot de Marsella.[1]

A medida que pasa el tiempo se convierte en una herramienta indispensable que nos servirá de apoyo en el día a día. Es evi-

---

1. El lector interesado puede recurrir a la abundante bibliografía que existe en el mercado sobre el simbolismo o la meditación en el tarot.

dente que, desde el principio, debemos practicar mucho con el tarot, paulatinamente y con la ayuda de las imágenes, los colores y las ondas que desprende. De esta forma obtendremos un lenguaje propio.

Cada persona constituye un caso particular. Cada individuo recibe, frente a su tarot de Marsella, las informaciones que le son destinadas, y no las de otra persona. Hoy en día, es la herramienta mejor adaptada para desarrollar la intuición en cualquier campo y, dato muy importante, es accesible a todo el mundo.

Se puede aprender mediante clases particulares, seminarios, cursos de formación o en el seno de sociedades abiertas a este lenguaje y al futuro de nuestra sociedad.

¿Por qué el tarot de Marsella?

Es importante empezar subrayando que la causa de que haya escogido como base el tarot de Marsella es porque habla mucho de sí mismo, a través de sus imágenes, sus vivos colores y su formato.

Puede resultar sorprendente, pero la intuición está dentro de todos nosotros desde nuestra más tierna infancia; lo que ocurre es que no solemos tener conciencia de ello.

Pueden pasar años sin que realmente lo advirtamos, hasta que llega un día en el que, de pronto, hay algo que nos hace reaccionar y las circunstancias de nuestra vida nos llevan a hacernos preguntas.

¿Por qué he pasado hoy por aquel lugar cuando no lo tenía previsto y me he encontrado con ese amigo al que no veía desde hacía años? ¡Qué extraño! ¿Es casualidad? No, usted sabe muy bien que esto es imposible. En efecto, usted había de pasar por allí ese día, y su amigo también, pero por otras razones. Él debía hallarse allí para encontrarse con usted: esto es, en cierta forma, una señal del destino.

Es decir, pueden pasar cosas durante meses, e incluso años, sin que les prestemos realmente atención hasta el día en que se dispara un dispositivo. Entonces nos volvemos receptivos y nos fijamos en cosas distintas, ya sea porque alguien nos habla de ello, ya sea porque otras circunstancias nos interpelan y el interrogante acude a nosotros de forma natural.

Un buen día, se produce la revelación: la casualidad no existe. Percibimos más las vibraciones, además de los seres que nos rodean. A partir de ese momento queremos desarrollar la intuición. El tarot puede intervenir entonces, aunque siempre con su ayuda. Al desarrollar, gestionar y estar en ósmosis con la intuición, nos proyectamos en otro mundo y franqueamos la frontera con lo invisible.

Les invito desde ahora a seguirme al otro lado de esta frontera y acceder, en la unidad, a los mensajes que se nos transmitan a través de este medio que es el tarot.

¡A por su baraja del tarot!

¿A quién puede echar las cartas?

Puede usted echarse las cartas a sí mismo y hacer preguntas directas. En ese caso, usted es el consultante.
　También puede echarle las cartas a otra persona, y en ese momento, usted será el cartomántico. Entonces, la posición de esa persona con respecto a usted es preponderante. El consultante debe colocarse cerca de usted, generalmente a la izquierda (el lado del corazón, el corazón que habla), o delante, de forma que se mantenga un campo vibratorio sobre la mesa y, así, la consulta pueda progresar adecuadamente.
　En cualquier caso, la posición del que consulta debe permitirle alcanzar las cartas con facilidad.
　También se pueden echar las cartas para alguien ausente; en tal caso debe pronunciarse previamente el nombre de pila de esta persona.

Ejemplo
Una amiga le telefonea desde París y le pide orientación sobre el trabajo. Usted la visualiza (por *visualizar* entiendo *imaginar* a su amiga delante suyo). Para conseguirlo, concéntrese con fuerza en ella y en su pregunta.
　Corte la baraja y disponga la tirada exprés sobre la mesa; a continuación, póngase a interpretar.

　Como esta tirada exige una cierta destreza, le recomiendo que al principio, antes de echar las cartas a las personas de su entorno, practique el tarot con usted mismo.

No olvide que el tarot es un medio que habla y que, por consiguiente, es importante respetarlo, mediante la formulación de sus preguntas y el orden en el que usted las hace.

Ejemplo
Si hace la pregunta: «¿Voy a cambiar de casa?» y, a continuación, si va a vender el piso donde está viviendo, el orden de las preguntas no es el correcto, por lo que el tarot le contestará de forma evasiva.

El orden de las preguntas debería ser el siguiente: 1) ¿Voy a vender mi piso?; 2) ¿este año?; 3) ¿voy a cambiar de casa?; 4) ¿este año?

Así se llega a cuatro preguntas formuladas en orden. Advertirá que la formulación es diáfana y directa, con lo que no podrá más que obtener una respuesta clara a cada una de sus preguntas.

N.B. La expresión «echar las cartas» puede parecer coloquial, pero también se puede decir leer las cartas o los arcanos.

Los 22 arcanos mayores del tarot de Marsella

Explicación de los 22 arcanos mayores

Vamos a tomar ahora nuestra baraja de naipes de tarot y a ir seleccionando los arcanos. Subrayo que, a lo largo de esta iniciación, la palabra *arcano* se repetirá a menudo. No abusaré de los términos *carta* o *naipe*, que me parecen demasiado ligeros para entrar en comunicación con el infinito.

Cómo leer las cifras romanas

Mago:	I	se lee	1	
Sacerdotisa:	II	se lee	2	
Emperatriz:	III	se lee	3	
Emperador:	IIII	se lee	4	
Sumo Sacerdote:	V	se lee	5	
Enamorado:	VI	se lee	6	
Carro:	VII	se lee	7	
Justicia:	VIII	se lee	8	
Ermitaño:	VIIII	se lee	9	
Rueda de la Fortuna:	X	se lee	10	
Fuerza:	XI	se lee	11	10 + 1 = 11
Colgado:	XII	se lee	12	10 + 2 = 12
Arcano sin nombre:	XIII	se lee	13	10 + 3 = 13
Templanza:	XIIII	se lee	14	10 + 4 = 14
Diablo:	XV	se lee	15	10 + 5 = 15
Casa de Dios:	XVI	se lee	16	10 + 5 + 1 = 16

Estrella:	XVII	se lee	17	10 + 5 + 2 = 17
Luna:	XVIII	se lee	18	10 + 5 + 3 = 18
Sol:	XVIIII	se lee	19	10 + 5 + 4 = 19
Juicio:	XX	se lee	20	10 + 10 = 20
Mundo:	XXI	se lee	21	10 + 10 + 1 = 21
Loco:	0	se lee	0	

A lo largo de esta iniciación, vamos a trabajar con estos 22 arcanos mayores.

Así pues, tiene usted en sus manos 78 arcanos, pero juntos vamos a separarlos, pues únicamente utilizaremos los 22 arcanos mayores.

El Mago (Le Bateleur): arcano I

Se trata de un hombre detrás de un banco de trabajo y con una serie de herramientas ante él. Se le representa como el experimentador, el consultante: espíritu emprendedor y de iniciativa, punto de partida de todo, de cualquier acontecimiento.

Exprés

El principio de alguna cosa, de una empresa, una noticia que llega por correo, fax o teléfono, de manera rápida e inmediata.

Es sobre todo una carta de comunicación, un arcano neutro, ni positivo ni negativo; comprenderá esto más adelante, con ocasión de las tiradas.

La Sacerdotisa (La Papesse): arcano II

Si la consultante es una mujer, representa la fecundidad, el embarazo, el amor que alumbra e ilumina, el secreto, una cierta sabiduría, una mujer sólida y serena, que sabe escuchar a sus seres cercanos.

Exprés
Para el consultante, se refiere a una mujer; en caso de ser una consultante, se trata de ella misma.

La Emperatriz (L Impératrice): arcano III

Una mujer de letras inteligente, que representa el correo, los escritos, los consejos, la multiplicación de aquello que se emprende. Mujer activa, emprendedora.

Exprés
La emperatriz representa en la tirada a otra mujer que es mayor que la consultante.

El Emperador (L Empereur): arcano IIII

Representa la fuerza, la voluntad, un hombre que triunfa, manda y gestiona, el jefe dinámico de una empresa; se trata generalmente de un hombre de mediana edad; puede ser el consultante, si él mismo tiene una edad similar.

Exprés
Éxito en los negocios (comerciales, financieros, etc.). Se trata de un arcano únicamente material, cuyos efectos son beneficiosos o nefastos según su ubicación y las cartas que lo acompañan en la tirada.

El Sumo Sacerdote (Le Pape): arcano V

Hombre sabio, sereno, de gran moralidad, que ama la ley, el talento, la sabiduría, la fe. Un consejero.

Exprés
Es ante todo el equilibrio, y se puede comparar un poco a la Sacerdotisa que se menciona más arriba: un hombre mayor que el Emperador o más maduro, según las cartas que lo acompañen en la tirada.

El Enamorado (L Amoureux): arcano VI

Nos encontramos en una encrucijada, lo que implica una situación o posibilidad doble. Las tres personas que aparecen en este arcano están deliberando para encontrar juntas la dirección correcta o la solución a un problema. El angelito que aparece encima de ellos muestra que ni él mismo sabe hacia qué lugar lanzar su flecha.

Exprés
Indecisión, doble posibilidad o fracaso. Este arcano puede representar a los hijos, o al hijo, el signo de Géminis, que es un signo doble en el zodiaco, o una respuesta poco clara.

En este caso, hay que plantear la pregunta en otro momento, pues si insiste en ella, la respuesta no será clara. Habrá dos posibilidades o soluciones y usted se perderá en la interpretación.

El Carro (Le Charriot): arcano VII

Movimiento dinámico de este arcano; el hombre se halla en el carro, tirado por dos caballos en dirección a la victoria. Es una carta que nos lleva por el camino del éxito y la gloria.

Exprés

Triunfo en general, en todo tipo de circunstancias: viajes, partida o llegada, evolución, progreso. Representa a Sagitario en el zodiaco, a aquel al que le gusta la aventura y los viajes; movimiento positivo.

La Justicia (La Justice): arcano VIII

Nos hallamos ante una mujer sentada en un trono; en una mano lleva una balanza, con la cual sopesa los pros y los contras, y en la otra, una espada que le otorga el poder de juzgar, comparar y castigar con rigor e inflexibilidad. Se trata de la justicia humana.

Exprés

La Justicia, que constituye el resultado, el regreso al equilibrio, el rigor, la sentencia, el derecho, representa el signo de Libra en el zodiaco, el notario, el abogado, el ujier, la ley en general, todas las profesiones relacionadas con la justicia. También se relaciona con cualquier tipo de documentos vinculados al trabajo, como por ejemplo un contrato.

El Ermitaño (L Hermite): arcano VIIII

La búsqueda de la verdad, de las causas y de los efectos depende de este arcano, que representa un gran equilibrio, una cierta sabiduría; el hombre está echado hacia delante, con el peso del mundo a sus espaldas, ha vivido bien, ha visto muchísimas cosas y ha recorrido el mundo. La linterna que sostiene demuestra que él no necesita la luz para avanzar, pues él es la propia luz.

Exprés

Prudencia, resultado, regreso al equilibrio, experiencia, enseñanza, soledad, cierta tristeza. Representa una guía en la vida, los ancianos, la iniciación y Capricornio en el zodiaco.

La Rueda de la Fortuna (La Roue de la Fortune): arcano X

Estamos ante una rueda movida por unos ratoncitos; se trata de la rueda de la vida. Después de la lluvia, el buen tiempo. Cuando nos hallamos delante de este arcano, llegarán cambios en nuestra vida, y bastante rápidos.

Exprés

Movimiento, modificación, recompensa en el caso de un cambio positivo, evolución, progreso; en pocas palabras, un cambio rápido en cualquier situación, ya sea positivo, ya negativo, según las cartas que haya cerca de ella.

La Fuerza (La Force): arcano XI

Una mujer de pie que domina al animal aporta a este arcano un clima de fuerza física y psíquica, una capacidad de acción en todos los campos, un dominio y una superación del ego.

Exprés

Energía, deseo, fuerza, sexualidad, encuentro pasional entre dos sexos, posibilidad de vencer, impulso. Representa a Leo y Aries en el zodiaco, signos fuertes, por la fuerza y el carácter impulsivo. Este arcano refuerza una situación dada o la importancia de un acontecimiento. Lo veremos más adelante en la explicación de una tirada.

El colgado (Le Pendu): arcano XII

En primer lugar, un hecho: vemos una persona colgada por un pie, con las manos atadas detrás de la espalda. A pesar de esta situación delicada, si giramos la carta, comprobaremos que el rostro está sereno, a la espera de algún acontecimiento.

Exprés

Esto significa que nos hallamos metidos en una situación difícil; obstáculos, inmovilización, fracaso u obcecación con respecto a una determinada situación: trabajo, amor, salud, etc. Como la situación está bloqueada, es preferible tener paciencia y plantear la pregunta más adelante.

El Arcano sin nombre o la Muerte (L'Arcane sans nom): arcano XIII

Para muchas personas, esta carta es problemática. En efecto, representa un esqueleto que lleva una guadaña, pero significa también que se quiere limpiar la propia vida, el pasado.

Exprés

Se trata de un arcano de transformación, pero también de liberación con respecto a una situación determinada: la destrucción o el fin para una reconstrucción. Llega un momento en que es necesario un giro en la vida, y uno se siente obligado a avanzar rompiendo con ciertos elementos. Evoca una transformación profunda e importante.

La Templanza (La Tempérance): arcano XIIII

Una mujer con alas en la espalda, un ángel, que sostiene en las manos sendos jarros entre los cuales circula agua; hay un impulso de comunicación, se transvasa un elemento. Paso de un lugar a otro. Este arcano hace acceder al cambio, a nuevas posibilidades de las que todavía no se tiene conciencia, pues el destino del consultante se desquicia en el momento más inesperado.

Exprés

Comunicación ante todo, por teléfono, fax o correo. Desplazamiento por aire, mar o tierra. Viaje, movilidad, metamorfosis, iniciación. Representa a Acuario en el zodiaco. Es un cambio cierto, que llegará en un futuro próximo. Movimiento en el tiempo, de 0 a 3 meses.

El Diablo (Le Diable): arcano XV

Se trata de una carta que normalmente se decanta hacia el terreno material; es más un arcano vinculado a este ámbito, que se relaciona con la pasión, la sexualidad, el dinero o la salud. Un diablo con dos diablillos, masculino y femenino, que representan el juego del amor, de las finanzas, la tentación en todas las cosas, la manipulación.

Exprés
Pasión, sensualidad, sexualidad, tentación, corrupción, seducción, riqueza. Designa el signo de Escorpio en el zodiaco. Deseo, enfermedad, salud, médico, finanzas.

La Casa de Dios o la Torre (La Maison Dieu): arcano XVI

Representa las dificultades en la vida, el fin de una situación: una torre que se derrumba y arrastra a algunas personas en su caída.

Exprés
Catástrofes frente a una situación determinada: accidente, rayo, caída, aniquilación, fracaso, ruina, conmoción. No debe seguirse con la tirada, hay que reanudarla otro día, ya que la atmósfera es difícil en todas las circunstancias. Este arcano no siempre resulta fácil de interpretar.

La Estrella (L Étoile): arcano XVII

Una carta radiante, pues una mujer, en el centro, se halla rodeada de estrellas y próxima a un oasis, donde acaba de encontrar cierto consuelo.

Como todas las estrellas, ésta guía hacia un destino mejor.

Exprés

Arcano de consuelo, de paz recuperada tras unas dificultades o un fallecimiento. Reanima al corazón y nos muestra el camino que debemos seguir, nos guía hacia algo feliz. Carta de protección divina; en general, transforma una tirada difícil. Gracias a la estrella, la tirada se vuelve positiva, protegida.

La Luna (La Lune): arcano XVIII

Dos lobos, cerca de un oasis, de noche: posee un significado esotérico muy importante, representa el astro en el transcurso más rápido, la Luna, que aporta cambios, pero que nunca son demasiado claros, sino vagos.

Exprés

Representa la noche, la duda, la ligereza, el espejismo, los sueños, el atardecer. También se refiere a todo lo relativo a la mujer, la fecundidad, los ciclos, los órganos femeninos y también la popularidad, el gentío. Se trata de un arcano muy difícil de interpretar, complejo y rico en posibilidades.

El Sol (Le Soleil): arcano XVIIII

En esta carta aparece un hermoso Sol, que ilumina a dos niños que se sienten muy felices de estar bajo él. Reanima una situación. Confirmación de un nuevo amor, de un nuevo proyecto.

Exprés

El Sol representa, ante todo, el día, el resplandor, una buena noticia, por lo que sólo algo feliz nos puede acontecer con este arcano; también se refiere a la luz, a un consuelo frente a una determinada situación. Esclarecimiento, gloria, éxito, triunfo, logro, fidelidad, cambio próximo para el consultante. Atenúa los efectos maléficos de otras cartas en una tirada.

El Juicio (Le Jugement): arcano XX

Hay tres personas alrededor de una mesa, que están rezando a la espera del juicio divino. Sobre ellas, un ángel les apunta la solución.

Exprés

Este arcano es muy importante en el juego: se trata de un juicio o solución procedente de las alturas, de la justicia divina. Cuando no encontramos la manera de resolver algo en el mundo terrenal, debe haber obligatoriamente una ley o una solución divina. Esta carta espiritual dilucida y aporta la dirección a seguir. Es una carta benéfica, rápida en su acción; significa revelación, desenlace de un problema, justicia que viene del cielo, que no se puede dominar.

El Mundo (Le Monde): arcano XXI

Este arcano debe ser considerado como una cima, un desenlace, una realización. Plenitud, triunfo, éxito, se llega finalmente a lo que uno desea.

Exprés
Plenitud, gloria, alegría. Una carta muy buena en una tirada.
Todo mejora y, poco a poco, se equilibra.

El Loco (Le Mat): arcano XXII, o Arcano sin número

Representa a un hombre que lleva, como único equipaje, un hatillo. Es un arcano inestable cuyos efectos, en el juego, son muy decepcionantes. Espejismo, partida.

Exprés
Esta carta indica una huida de la realidad, la irresponsabilidad frente a una situación determinada, el engaño; pero también, no lo olvidemos, un impulso hacia alguna cosa, según su posición en el juego. Nos dirigimos hacia algo.

Guía exprés sobre el tarot (resumen)

I El Mago: llamada telefónica, mensaje, carta, noticia, fax.

II La Sacerdotisa: sabiduría, feminidad, fecundación, consultante.

III La Emperatriz: éxito, gloria, inteligencia, correo, otra mujer distinta a una misma en la tirada.

IIII El Emperador: culminación, triunfo, hombre joven, Tauro en el zodiaco.

V El Sumo Sacerdote: hombre sabio que ha vivido bien, equilibrio, moralidad, buen consejero.

VI El Enamorado: elección, duda, niño, indecisión, signo de Géminis.

VII El Carro: viajes, desplazamientos, triunfo financiero, signo de Sagitario.

VIII La Justicia: equilibrio, rigor, justicia de los hombres, notario, abogado, signo de Libra.

VIIII El Ermitaño: aislamiento, soledad, sabiduría, secreto, espiritualidad, carta del tiempo, signo de Capricornio.

X La Rueda de la Fortuna: cambio, rapidez, evolución.

XI La Fuerza: poder, fuerza, sexualidad, refuerza siempre la carta de la derecha en una tirada, signo de Aries en el zodiaco.

XII El Colgado: situación bloqueada, atascada, en espera de una solución, signo de Piscis.

XIII El Arcano sin nombre: transformación, fin de alguna cosa, mutación positiva o negativa.

XIIII La Templanza: el tiempo que pasa, circulación sanguínea, enseñanza, signos de Acuario y Virgo.

XV El Diablo: pasión, sexualidad, salud, finanzas, deseo, signo de Escorpio.

XVI La Casa de Dios: catástrofes, fin de alguna cosa.

XVII La Estrella: resplandor, esclarecimiento, alegría, felicidad, arcano espiritual.

XVIII La Luna: duda, fecundidad, espejismo, noche, signo de Cáncer.

XVIIII El Sol: regreso a la felicidad, triunfo, armonía, signo de Leo.

XX El Juicio: cambio, revelación, privación positiva, juicio espiritual.

XXI El Mundo: desenlace, elevación, resplandor, positivo en toda la línea.

0 El Loco o Arcano sin número: despreocupación frente a la vida y los problemas, vagabundeo y también impulso hacia otra cosa.

Estas notas le ayudarán a ir más allá del tarot y a dejarse llevar por la intuición. De todos modos, puede volver a las páginas precedentes si no le conviene lo que encuentra, pero este es un primer paso hacia la intuición.

El ritual:
método para acceder a la intuición

Ritual es quizás una palabra excesiva, pero que resulta necesaria durante una consulta. En primer lugar, se trata de encontrar una habitación adecuada en la casa o el piso: un lugar que le inspire, donde usted se sienta a gusto, a ser posible, un sitio claro con las paredes pintadas de blanco o tonos pastel. No obstante, si usted carece de un cuarto así, puede jugar con la iluminación, por ejemplo tamizando las luces. En efecto, una vela encendida desencadena un proceso necesario para entrar en ósmosis con otro plano. De esta forma se crea una atmósfera acogedora, en la que uno se siente a gusto. Asimismo, con el tiempo irá advirtiendo que ese lugar adquiere una importancia capital, sobre todo cuando entra en comunión con el más allá. El propio consultante siente la necesidad de estar bien junto a usted.

El ritual es, por consiguiente, un elemento indispensable para poner en funcionamiento un proceso sin dificultad, que nos llevará al diálogo y a la plena posesión de las facultades paranormales que lleva usted dentro, las cuales se pondrán todavía más de manifiesto con la práctica.

Coloque sobre la mesa un tapete, a ser posible de un solo color, más bien oscuro, para facilitar la concentración; también pueden servir una servilleta o un mantel. La atmósfera es importante, ya que resulta difícil empezar una consulta en medio de olores a cocina, por ejemplo, u otros que le distraigan. Le recomiendo que, antes de iniciar la tirada, airee la estancia y queme un poco de incienso, pues su aroma le estimulará y ayudará. El tipo de incienso depende de usted, ya que no hay un perfume aconsejado.

Ahora está usted en posesión de todos los arcanos mayores del tarot de Marsella, y es importante que los conozca bien y aprenda a distinguirlos. Para ello es primordial que encuentre un lugar tranquilo, a una hora bien precisa. Le recomiendo una hora en la que no tenga nada que hacer (pero nunca después de una buena comida), al mediodía o por la tarde, incluso por la noche. Algunas personas prefieren hacerlo muy temprano por la mañana; depende de usted escoger el momento más adecuado.

Con la práctica, las ondas se volverán más densas y comprenderá mejor sus cartas, lo que éstas quieren indicarle. Sería preferible que no hubiera niños pequeños alrededor de usted, ni aparatos electrodomésticos en marcha.

Al principio, este ritual puede parecerle molesto, pero no tardará en considerarlo algo natural, pues usted mismo localizará inconscientemente y de inmediato, sea cual sea el lugar donde se halle, el sitio ideal para acceder a otros terrenos espirituales. En cada ocasión tendrá la impresión de vivir un momento mágico.

Explicación de la tirada exprés

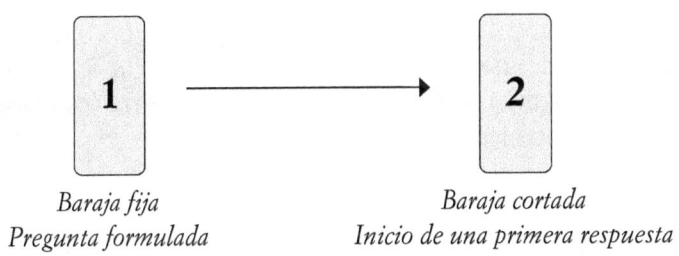

Baraja fija
Pregunta formulada

Baraja cortada
Inicio de una primera respuesta

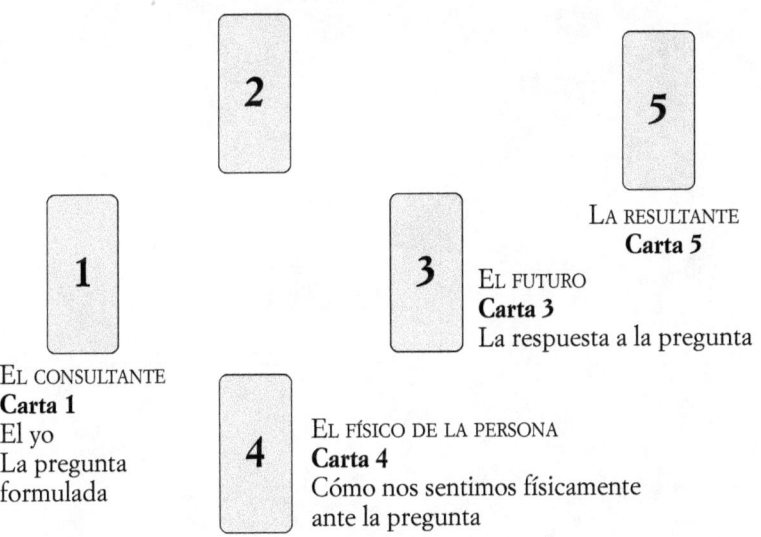

- Hay que calcular el total del pensamiento: carta n.º 1 + carta n.º 2.
- Hay que calcular el total del físico: carta n.º 3 + carta n.º 4.
- A continuación, sume separadamente cada carta (los números romanos) para obtener el total de las cuatro cartas echadas (total del pensamiento y del físico = carta resultante), es decir: carta n.º 1 + 2 + 3 + 4 = 5, que es la carta resultante que vemos o que sacamos de la baraja.

Instrucciones antes de una tirada

1) Piense intensamente en la pregunta formulada, baraje las cartas y empiece a concentrarse en el corte, pues va a obtener la primera respuesta.

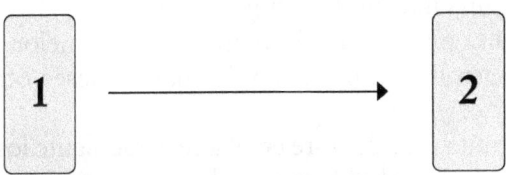

Le toca ahora concentrarse en la pregunta; debe remitirse a la guía exprés para la interpretación de las cartas que resultan del corte: el arcano de la derecha es el más importante. Coja el resto de la baraja pero no la mezcle.

2) Extienda la baraja en abanico sobre la mesa.

3) Disponga los cuatro arcanos (véase la explicación de la tirada exprés en la página anterior).

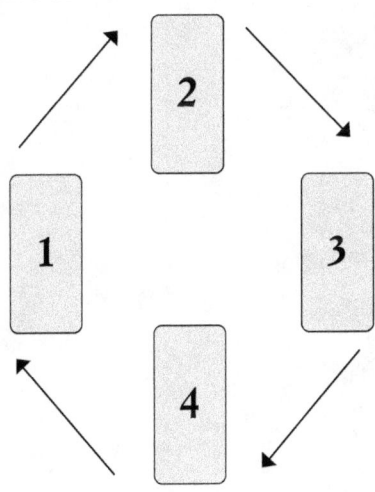

A lo largo de todo el libro le ayudaré a interpretar las tiradas lo mejor posible, y le daré la respuesta sintetizada de las cuatro cartas. Sólo a través de la práctica, conseguirá una interpretación personalizada.

No olvide que el total de las cuatro cartas le lleva a la síntesis: la quinta.

En cada ejemplo de pregunta formulada, yo le guiaré hacia una respuesta. Sígame y luego láncese, con la ayuda de su intuición, para una interpretación personal.

Hace falta paciencia, y el tiempo será su mejor aliado para poder desarrollar su intuición, la cual no desea otra cosa que manifestarse.

La pregunta está siempre en el aire, y mediante los arcanos se crea una historia sobre la mesa. El consultante que está delante de usted espera con impaciencia el desenlace, la respuesta a su pregunta, por lo que le toca a usted contestar con discernimiento. Es cierto que al principio no resulta fácil, ya que hay miles de combinaciones de arcanos, pero sólo una respuesta.

Cortar

Coja las cartas y baraje un par de veces. A continuación, piense con fuerza en un problema que no deja de atosigarle. Debe hacerse la pregunta de la forma más clara posible, para que la respuesta la sea igualmente.

Una vez mezcladas las cartas, deje la baraja sobre la mesa y corte: el montón que queda sobre la mesa representa la pregunta planteada, y el que se desplaza hacia la derecha, un inicio de respuesta.

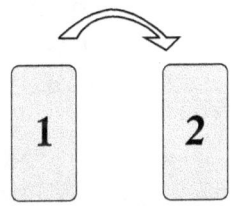

Recoja las cartas de nuevo, ya que su significado carece ahora de importancia, y extiéndalas horizontalmente delante de usted. Debe hacer esta manipulación cada vez que inicie una tirada.

Ejemplo
¿Me van a subir el sueldo este año?
Si la respuesta es afirmativa al cortar, la pregunta queda ya contestada. Pero si queremos profundizar en ella, debemos formular otra pregunta.

¿Antes de final de año?
Vuelva a barajar y corte pensando en esta pregunta. La respuesta le confirmará la primera contestación.

Por consiguiente, hay que ser preciso en la primera pregunta, para luego profundizar y llegar a la respuesta definitiva.
Sin duda, a veces el tarot no nos da la respuesta que querríamos, por lo que podemos sentirnos decepcionados. Pero no debemos echarle la culpa a las cartas, pues no son más que un instrumento de comunicación con nuestros respectivos guías. La respuesta siempre llega de allá arriba, nunca de abajo. No lo olvide...
No repita la pregunta veinte veces, ya que no sirve de nada; la respuesta se puede entonces desvirtuar, debido a que su espíritu puede influir en el tarot y su interpretación.

Sigamos con una tirada exprés.

Tirada exprés

Esta tirada está estudiada, principalmente, para preguntas claras y respuestas diáfanas y rápidas, con un plazo de seis meses en lo que se refiere a la pregunta planteada, se trate de la salud, el amor u otros...

Si se obtiene al sumar una carta ya echada, la respuesta se refuerza.

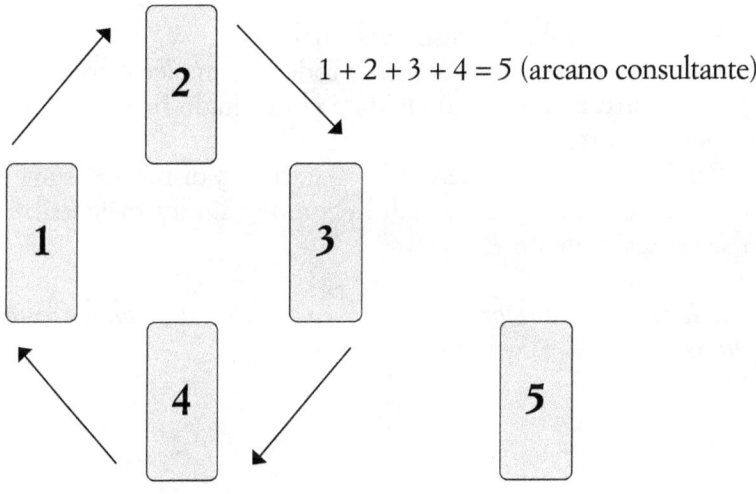

$1 + 2 + 3 + 4 = 5$ (arcano consultante)

...
¿Voy a cambiar de casa?
¿Voy a irme de vacaciones?
¿Voy a casarme con X?
¿Me van a ascender?

Son preguntas claras con respuestas también obligatoriamente diáfanas.

Explicación de la posición de los arcanos en la tirada exprés

- 1.ª carta en la izquierda: representa a la persona que ha hecho la pregunta.
- 2.ª carta arriba: el lado intelectual de la pregunta, el pensamiento, el espíritu, aquello en lo que no habíamos pensado, lo que podría impedir la evolución correcta de la respuesta.
- 3.ª carta en la derecha: aporta una primera respuesta a la pregunta.
- 4.ª carta abajo: indica el lado racional y material de la pregunta, el anclaje.
- 5.ª carta resultante: respuesta final.

A continuación, hay que sumar todos los números romanos de las cuatro cartas, lo que le dará el resultado final, y la respuesta a su pregunta.

Para otra pregunta, vuelva a barajar, corte y disponga de nuevo las cartas que le hayan salido como se indica más arriba. Y así sucesivamente.

Si la respuesta a su pregunta no le gusta, no insista, pues no por ello la contestación será diferente.

Algunos arcanos difíciles en la tirada exprés

El Loco (0)

En relación con el Loco, es importante precisar, antes de seguir, que se trata de un arcano de inestabilidad (espejismo, engaño, inconsciencia, irresponsabilidad). Pero también representa un movimiento en el tiempo o hacia alguna cosa o alguna parte. No hay que olvidarlo, sobre todo si nos limitamos a una tirada de cuatro cartas.

Algunos ejemplos:

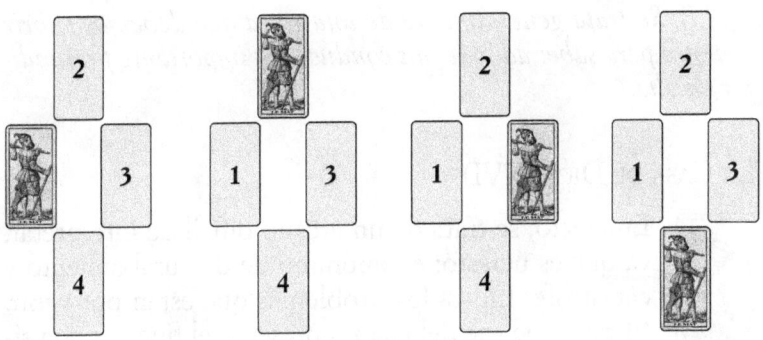

En la figura 1: yo
El Loco, en esta posición, representa el impulso: ¿sabemos adónde vamos o qué queremos realmente? De todas formas, avanzamos, ya sea en algo bueno, ya en algo malo.

En la figura 2: pensamiento
En este caso, resulta más difícil; no sabemos adónde vamos, se trata de la incertidumbre, la vaguedad. Aquí deben interpretarse todas las cartas.

En la figura 3: destino
Vamos en dirección a alguna cosa, pero no sabemos hacia qué; por consiguiente, en el caso de esta figura es preferible repetir la tirada, aunque la carta no sea forzosamente mala.

En la figura 4: físico
No nos sentimos muy bien físicamente, y tenemos la sensación de estar desequilibrados con respecto a nuestro entorno o a la pregunta formulada. Podríamos pensar que la persona quiere moverse a pesar de todo, avanzar y marcharse de donde está en ese momento.

N.B. Se trata generalmente de una carta que debemos cubrir con otra para saber adónde nos conduce. Es importante profundizar en ella.

La Casa de Dios (XVI)

En efecto, se trata de un arcano difícil de interpretar, ya que es nefasto: es sinónimo de derrumbamiento y catástrofe. Indica los problemas que están por venir. El rayo que cae del cielo representa el final de una situación, una hecatombe.

En el terreno económico, señala la falta de resultados o un fracaso.

En el ámbito sentimental, implica el anuncio de un divorcio o de una ruptura afectiva. Si aparece junto con el Enamorado, puede indicar la proximidad de un flechazo.

Este arcano implica un cambio radical en una situación.

En la figura 1: yo
La persona que hace la pregunta (el consultante) tiene dificultades en una determinada situación, y su ego está afectado, o incluso el propio sujeto relacionado con la pregunta.

En la figura 2: pensamiento
El consultante es inestable mentalmente o tiene la moral baja.

En la figura 3: destino
El futuro del consultante no es bueno, o la finalidad de la pregunta formulada, sea cual sea el sujeto, no lo es.

En la figura 4: físico
El consultante no se siente bien físicamente: tal vez esté enfermo o tenga problemas en una situación determinada.

N.B. En todos los casos de figuras, no es bueno continuar. Vuelva a formular la pregunta, sobre todo si la Casa de Dios aparece en el primer lanzamiento de cartas. Si, por el contrario, sale más adelante en la tirada, querrá decir que la situación se puede degradar.

La Templanza (XIIII)

Si observamos atentamente el arcano de la Templanza, advertimos que se trata de un movimiento en el tiempo, de una circulación del agua entre dos cántaros, el uno rojo y el otro azul: ante todo, equilibrio. Se le reconoce como el arcano del signo de Acuario en el zodiaco, ya que este es, ante todo, un signo de comunicación, de circulación, que está siempre en acción y pasa de un lugar a otro. Esta carta suele ser positiva, pues siempre anuncia un cambio feliz en el tiempo.

Estas son algunas explicaciones en el caso de una tirada de cuatro cartas...

En la figura 1: yo
El consultante tiene ganas de un cambio en su vida, que tendrá lugar en los días o meses siguientes.

En la figura 2: pensamiento
Cambio o desenlace de una situación profesional en un espacio de tiempo muy corto. Si nos planteamos interrogantes, nos hallamos en una situación de movimiento donde todo puede suceder. Es conveniente observar los arcanos que están cerca.

En la figura 3: destino
En todos los casos de figuras, hay un cambio en el futuro, que llevará a un trastorno en la vida del consultante.

En la figura 4: físico
Por regla general la Templanza, en este lugar, anuncia un cambio de domicilio, o un proyecto de renovación, obras o decoración. Si es una pregunta sobre salud, sus nervios se verán sometidos a una dura prueba. Puede tratarse de una mala circulación en la zona de las piernas.

N.B. La Templanza es un arcano generalmente beneficioso cuando está solo en una tirada; rodeado de cuatro arcanos, hay que prestar atención a la interpretación más difícil, en combinación con estas cartas.

El Diablo (XV)

Pasión, sensualidad, sexualidad, tentación, seducción, medicina, enfermedades, finanzas. Es un arcano material y no espiritual. Su complejidad hace difícil su interpretación.

Ante todo, responde a la pregunta formulada. En efecto, si se trata de una pregunta sobre dinero, le contestará sobre ese punto; si gira en torno a la salud, lo mismo. Si la pregunta es clara, la respuesta da en el blanco. El Diablo es sinónimo de obcecación en todas las facetas: es la pasión lo que prima, tanto sobre el dinero como sobre el sexo.

En el caso de una tirada de cuatro cartas:

En la figura 1: yo
El consultante está concentrado en la pregunta formulada y se muestra confiado con respecto a esta.

En la figura 2: pensamiento
Influencia pasional sobre el prójimo, que puede ser de carácter sensual, sexual o económico. En el terreno económico, es una manipulación favorable.

En la figura 3: destino
Unión, magnetismo importante, seducción, es lo que se deduce de este arcano. Resulta desfavorable para la vida sentimental, ya que puede implicar varias relaciones o aventuras. En relación con la economía, implica la llegada de dinero.

En la figura 4: físico
Transformación de los vínculos familiares, que se vuelven más complicados. Dificultades familiares: puede haber un pariente muy enfermo.

N.B. Es importante continuar la tirada después del Diablo y profundizar de todas las maneras.

Preguntas de orden profesional

Después de esta primera parte práctica, vamos a estudiar varias tiradas relacionadas con el aspecto profesional y sus múltiples posibilidades.

En primer lugar, trabajaremos y explicaremos los ejemplos como si tuvieran un desenlace positivo, y luego como si fuera negativo.

Así, tendrá como herramientas un abanico de informaciones diferentes que le guiarán en su interpretación personal.

Temas tratados: ejemplos relativos a una pregunta sobre

— un aumento de sueldo en el trabajo;
— un posible ascenso;
— un cambio de trabajo;
— un despido,
— la búsqueda de trabajo si se está en el paro.

En este capítulo se tratan todas estas importantes cuestiones. Obtendrá las respuestas a sus preguntas, pero no olvide que existen tantas combinaciones de arcanos como de interpretaciones y que, por otro lado, resulta difícil aplicarlas todas. Después de esta rápida iniciación, debería obtener buenos resultados.

1) Ejemplo profesional
¿Me van a subir el sueldo?

En primer lugar, coja la baraja al tiempo que piensa con fuerza en la pregunta, de forma que esta quede grabada en su mente. Baraje las cartas y corte.

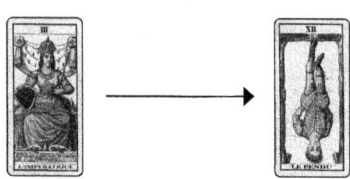

Al cortar obtiene: Emperatriz y Colgado. Usted espera la llegada de ese aumento, ya sea por correo, ya por teléfono, pero por el momento la situación está bloqueada, y la respuesta también.

Se continúa con la tirada:

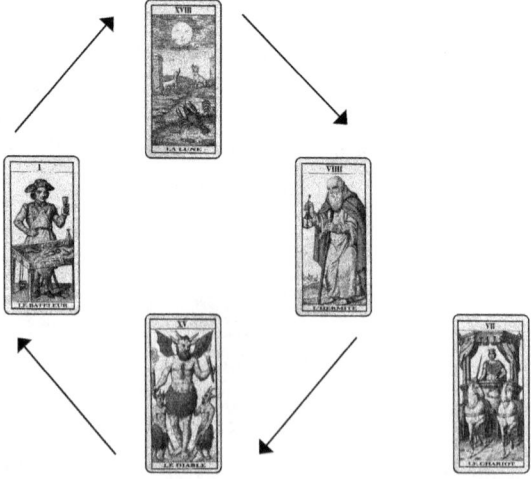

1.ᵉʳ arcano a la izquierda: Mago (I)
2.º arcano arriba: Luna (XVIII)
3.ᵉʳ arcano a la derecha: Ermitaño (VIIII)
4.º arcano abajo: Diablo (XV)
5.º arcano, resultante del total de las cuatro cartas anteriores: 43; 4 + 3 = 7: Carro (VII)

Conclusión
Su pregunta ha sido bien entendida, pero este no es el momento: va a tener que esperar, pero eso no quiere decir, en absoluto, que lo rechacen.

Explicación
Mago a la izquierda: pide usted un aumento.
Luna arriba: hay una duda, una vacilación sobre la respuesta.
Ermitaño abajo: hay que tener paciencia; como arcano de tiempo, ha de esperar al futuro.
Diablo, arcano de dinero: le gustaría tener ese dinero en su casa.
Carro: en conclusión, conseguirá un aumento más adelante, pues el Carro es el triunfo material. Paciencia.

Comprobará que la tirada coincide con el corte.

2) Ejemplo profesional
¿Me van a subir el sueldo?

Coja la baraja y mézclela al tiempo que se concentra en la pregunta; después, corte.

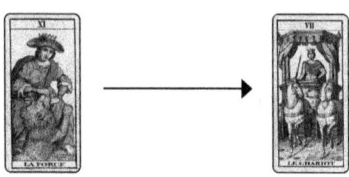

Al cortar obtiene: Fuerza y Carro. Desea muchísimo ese aumento.

Continuamos:

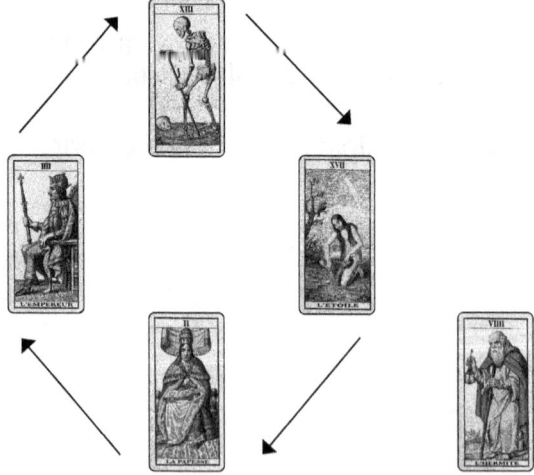

1.ᵉʳ arcano a la izquierda: Emperador (IIII)
2.º arcano arriba: Arcano sin nombre, transformación (XIII)
3.ᵉʳ arcano a la derecha: Estrella (XVII)
4.º arcano abajo: Sacerdotisa (II)
5.º arcano, resultante del total de las cuatro cartas anteriores: 36; 3 + 6 = 9: Ermitaño (VIIII)

Conclusión
Según el corte, tenemos ya una respuesta positiva y la tirada confirma efectivamente esta situación. En definitiva, el Ermitaño nos recuerda que hay tiempo para todo, y que todo llega siempre a punto para quien sabe esperar. En esta tirada, es el momento.

Explicación
Emperador a la izquierda: el consultante cuenta con un buen estado espiritual cuando formula la pregunta.

Arcano sin nombre arriba: quiere a toda costa esa transformación de sus finanzas.

Estrella a la derecha: esta pregunta está protegida pero en el futuro.

Sacerdotisa abajo: en el hogar se espera con serenidad este aumento.

Ermitaño: como resultante, se producirá probablemente un aumento en las semanas o los meses siguientes.

Comprobará que la tirada coincide con el corte.

3) Ejemplo profesional
¿Me van a subir el sueldo?

Coja los naipes. Baraje mientras se impregna de la pregunta formulada. Corte.

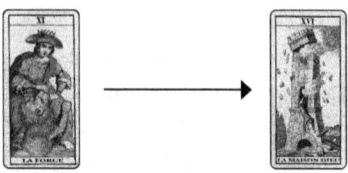

Al cortar obtiene: Fuerza y Casa de Dios; usted desea ese aumento con vehemencia, pero es rechazado por el momento.

Continúe con la tirada:

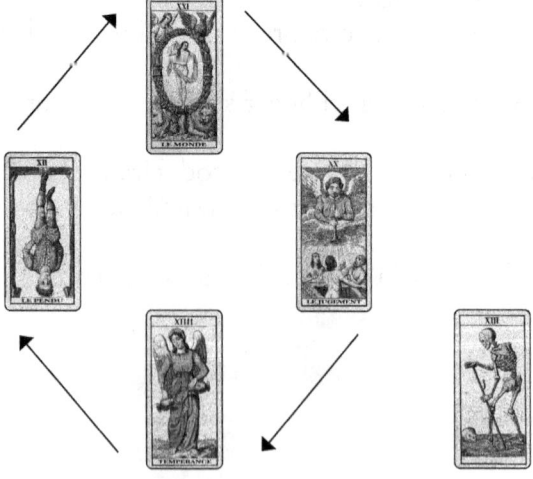

1.er arcano a la izquierda: Colgado (XII)
2.º arcano arriba: Mundo (XXI)
3.er arcano a la derecha: Juicio (XX)
4.º arcano abajo: Templanza (XIIII)
5.º arcano, resultante del total de las cuatro cartas: 13, Arcano sin nombre (XIII)

Conclusión
El aumento es rechazado por el momento. Habrá que volver a formular la pregunta más tarde, al cabo de unos meses.

Explicación
Colgado: la cuestión está bloqueada desde el principio.
Mundo: a pesar de todo, deseamos tanto ese aumento...
Juicio: habrá que esperar días mejores, ahora no es el momento. Sin embargo, se trata de un arcano de justicia divina y, por consiguiente, la subida llegará algún día.
Templanza: hay que esperar todavía, y arreglarse con los recursos actuales.
Arcano sin nombre: habrá un cambio de salario en el futuro, pero por el momento ha sido rechazado.

Comprobará que la tirada coincide todavía con el corte.

4) Ejemplo profesional
¿Me van a subir el sueldo?

Coja las cartas, barájelas y concéntrese en la pregunta.

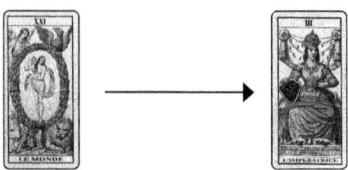

Al cortar obtiene: Mundo y Emperatriz, por lo que la respuesta es sí. Debería usted conseguir ese aumento, y se lo comunicarán por correo, teléfono o fax.

Continuamos con la tirada:

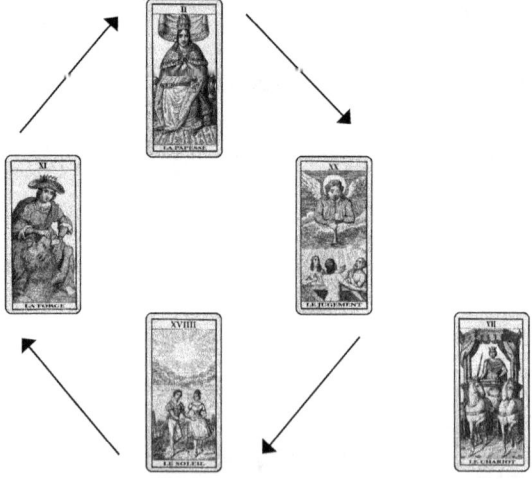

1.er arcano a la izquierda: Fuerza (XI)
2.º arcano arriba: Sacerdotisa (II)
3.er arcano a la derecha: Juicio (XX)
4.º arcano abajo: Sol (XVIIII)
5.º arcano, resultante del total de las cuatro cartas anteriores: 52; 5 + 2 = 7: Carro (VII)

Conclusión
Usted desea vehementemente ese aumento, que obtendrá sin problemas.

Explicación
Fuerza: el consultante está decidido a pedir el aumento.
Sacerdotisa: nada impide que la petición llegue a buen fin.
Juicio: debe conseguir ese aumento.
Sol: se saldrá usted con la suya y esto cambiará su vida cotidiana.
Carro: éxito de su petición.

Compruebe, una vez más, que el corte coincide con la tirada.

5) Ejemplo profesional
¿Me van a subir el sueldo?

Vuelva a coger las cartas, baraje e impréguese de la pregunta deseada.

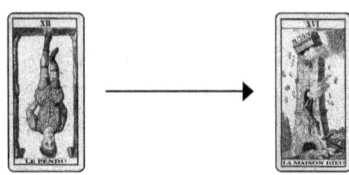

Al cortar obtiene: Colgado y Casa de Dios. Actualmente su petición parece detenida; todavía no es el momento, pero sí en un futuro próximo.

Continuamos con la tirada:

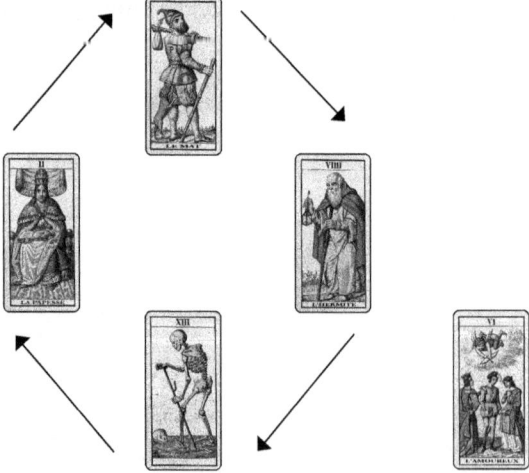

1.er arcano a la izquierda: Sacerdotisa (II)
2.º arcano arriba: Loco (0)
3.er arcano a la derecha: Ermitaño (VIIII)
4.º arcano abajo: Arcano sin nombre (XIII)
5.º arcano, resultante del total de las cuatro cartas: 6, Enamorado (VI)

Conclusión
Está usted en mitad del proceso de solicitar un aumento de sueldo, pero esta petición no se toma en serio, por lo que se siente solo con respecto a la gestión fracasada.
El aumento de sueldo queda aplazado para más adelante.

Explicación
Sacerdotisa: es usted.
Loco: petición que no es tomada en serio.
Ermitaño: la petición la hace usted solo.
Arcano sin nombre: es rechazada.
Enamorado: hay una duda en cuanto a la respuesta, incluso en el futuro.

Observará que la tirada coincide obligatoriamente con el corte.

6) Ejemplo profesional
¿Me van a ascender?

Coja de nuevo la baraja y mézclela mientras piensa con intensidad en la pregunta. Corte.

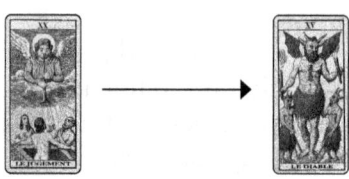

Al cortar obtiene: Juicio y Diablo. Sí, conseguirá ese ascenso en un breve plazo; tal vez esté ya en camino.

Continuamos con la tirada:

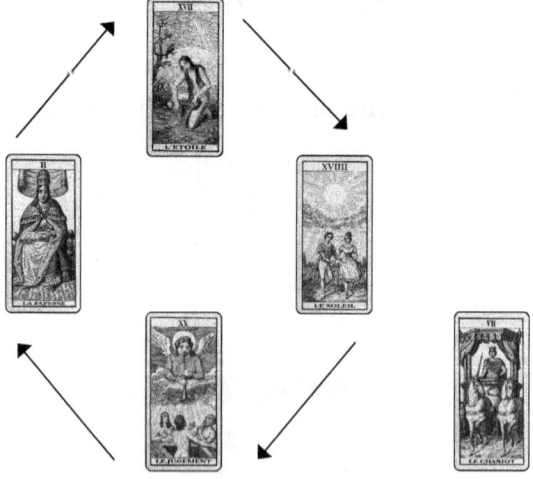

1.er arcano a la izquierda: Sumo Sacerdote (V)
2.º arcano arriba: Estrella (XVII)
3.er arcano a la derecha: Sol (XVIIII)
4.º arcano abajo: Juicio (XX)
5.º arcano, resultante del total de las cuatro cartas anteriores: 61; 6 + 1 = 7: Carro (VII)

Conclusión
Formula usted la pregunta con gran serenidad, por lo que esta petición está protegida. Es positiva, y no le costará obtener el ascenso.

Explicación
Sumo Sacerdote: pregunta formulada serenamente.
 Estrella: protección sobre la petición.
 Sol: respuesta positiva.
 Juicio: esta promoción está prevista.
 Carro: logro en el futuro, tanto en lo que respecta al ascenso como a la remuneración.

Comprobará que la tirada coincide con el corte.

7) Ejemplo profesional
¿Me van a ascender?

Tome de nuevo sus cartas del tarot y baraje mientras piensa en la pregunta. Corte.

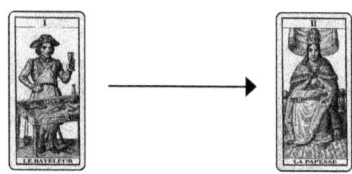

Al cortar obtiene: Mago y Sacerdotisa. Es usted quien da el paso para pedir que le asciendan.

Continuamos con la tirada:

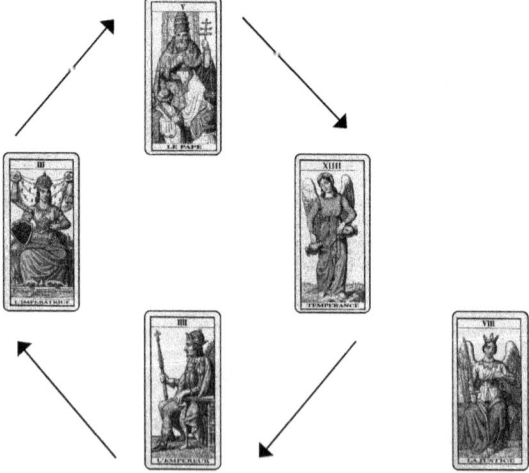

1.er arcano a la izquierda: Emperatriz (III)
2.º arcano arriba: Sumo Sacerdote (V)
3.er arcano a la derecha: Templanza (XIIII)
4.º arcano abajo: Emperador (IIII)
5.º arcano, resultante del total de las cuatro cartas anteriores: 26; 2 + 6 = 8: Justicia (VIII)

Conclusión
Usted ha solicitado el ascenso a su superior por correo. Debe tener paciencia; se merece que le asciendan y, con el tiempo, lo conseguirá, lo que le proporcionará cierta serenidad.

Explicación
Emperatriz: solicita el ascenso por correo.
  Sumo Sacerdote: lo pide a su superior.
  Templanza: hace falta un poco más de tiempo.
  Emperador: triunfo de su petición.
  Justicia: le aportará un mayor equilibrio económico.

Comprobará que la tirada coincide con el corte.

8) Ejemplo profesional
¿Me van a ascender?

Vuelva a tomar las cartas y concéntrese en la pregunta. Baraje antes de cortar.

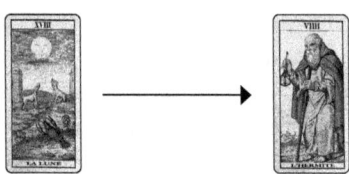

Al cortar obtiene: Luna y Ermitaño; el ascenso lo hemos pedido nosotros, pero con una cierta vacilación (y el consultante duda mientras formula la pregunta).

Continuamos con la tirada:

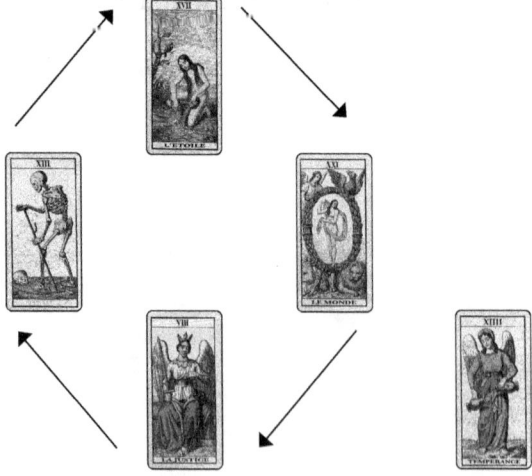

1.er arcano a la izquierda: Arcano sin nombre (XIII)
2.º arcano arriba: Estrella (XVII)
3.er arcano a la derecha: Mundo (XXI)
4.º arcano abajo: Justicia (VIII)
5.º arcano, resultante del total de las cuatro cartas anteriores: 59; 5 + 9 = 14: Templanza (XIIII)

Conclusión
El deseo de un cambio en el terreno laboral es muy fuerte. Está en curso de realización, lo que le aportará un equilibrio económico y moral.

Explicación
Arcano sin nombre: queremos un cambio.
Estrella: no hay duda de que este se llevará a cabo.
Mundo: lo hará de forma muy positiva.
Justicia: le aportará un equilibro moral, económico e intelectual.
Templanza: en el tiempo.

El corte coincide una vez más con la tirada.

9) Ejemplo profesional
¿Me van a ascender?

Tome las cartas, baraje y corte al tiempo que se va impregnando de la pregunta.

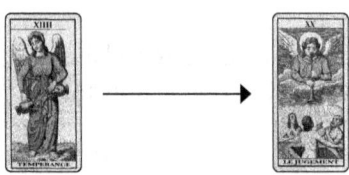

Al cortar obtiene: Templanza y Juicio; dentro de poco tiempo conseguirá lo que quiere, pues es algo que debe llegar en su vida.

Continuamos con la tirada:

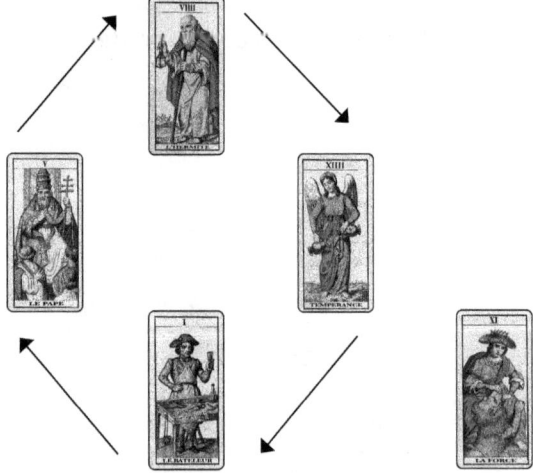

1.er arcano a la izquierda: Sumo Sacerdote (V)
2.º arcano arriba: Ermitaño (VIIII))
3.er arcano a la derecha: Templanza (XIIII)
4.º arcano abajo: Mago (I)
5.º arcano, resultante del total de las cuatro cartas anteriores: 29; 2 + 9 = 11: Fuerza (XI)

Conclusión
Su petición de ascenso es muy seria para usted, y la hace en el momento adecuado y en solitario. Hay que esperar un poco, pero la aceptación no tardará en producirse.

Explicación
Sumo Sacerdote: realiza la petición con serenidad.
　Ermitaño: la hace solo.
　Templanza: con algo de espera.
　Mago: la respuesta no debe demorarse mucho.
　Fuerza: obtiene aquello que desea.

El tarot coincide una vez más con el corte.

10) Ejemplo profesional
¿Me van a ascender?

Vuelva a tomar las cartas y baraje según va pensando en la pregunta. Corte.

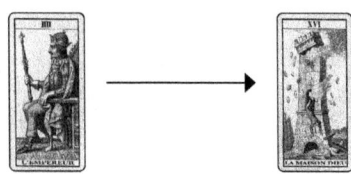

Al cortar obtiene: Emperador y Casa de Dios; su petición está abocada al fracaso.

Continuamos con la tirada:

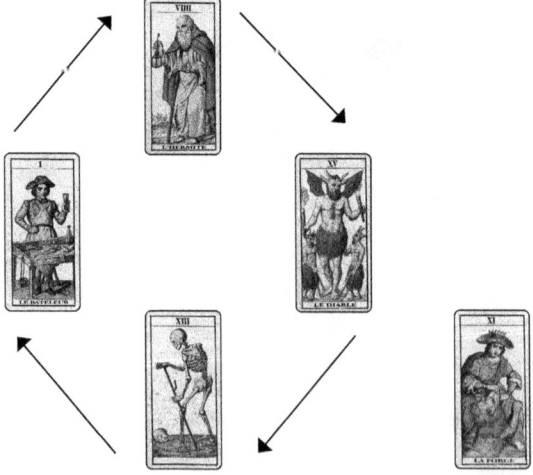

1.er arcano a la izquierda: Mago (I)
2.º arcano arriba: Ermitaño (VIIII)
3.er arcano a la derecha: Diablo (XV)
4.º arcano abajo: Arcano sin nombre (XIII)
5.º arcano, resultante del total de las cuatro cartas anteriores: 38; 3 + 8 = 11: Fuerza (XI)

Conclusión
Usted pide un ascenso. Se siente un poco solo frente a esta situación; le iría muy bien desde el punto de vista económico, pero, por el momento, es rechazado.

Explicación
Mago: solicita usted que le asciendan.
  Ermitaño: se encuentra solo en esta situación.
  Diablo: en el futuro le iría muy bien económicamente.
  Arcano sin nombre: su solicitud es denegada.
  Fuerza: refuerza la negativa.

Advertirá que la tirada coincide con el corte.

11) Ejemplo profesional
¿Voy a cambiar de trabajo?

Tome la baraja en las manos, mezcle mientras piensa en la pregunta y luego corte.

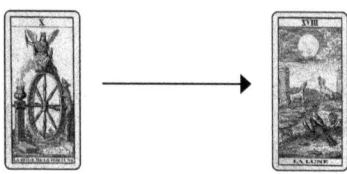

Al cortar obtiene: Rueda de la Fortuna y Luna; esta última indica que es una pregunta algo imprecisa.

Continuamos con la tirada:

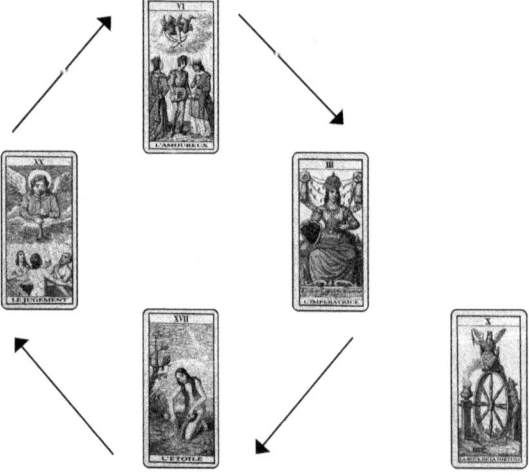

1.er arcano a la izquierda: Juicio (XX)
2.º arcano arriba: Enamorado (VI)
3.er arcano a la derecha: Emperatriz (III)
4.º arcano abajo: Estrella (XVII)
5.º arcano, resultante del total de las cuatro cartas anteriores: 46; 4 + 6 = 10: Rueda de la Fortuna (X)

Conclusión
Piensa seriamente en cambiar de trabajo; va a tener múltiples posibilidades y proposiciones, que recibirá por correo. Existen grandes probabilidades de que encuentre otro trabajo, ya que se prevé un cambio en el futuro.

Explicación
Juicio: piensa seriamente en cambiar de trabajo.
    Enamorado: posee múltiples posibilidades.
    Emperatriz: por correo.
    Estrella: éxito asegurado en su proyecto.
    Rueda de la Fortuna: cambio seguro en el futuro.

En esta ocasión, comprobará que la tirada da una respuesta más precisa que el corte.

12) Ejemplo profesional
¿Voy a cambiar de trabajo?

Vuelva a tomar las cartas al tiempo que piensa con fuerza en la pregunta. Baraje y corte después.

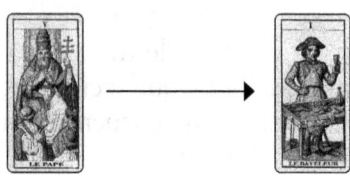

Al cortar obtiene: Sumo Sacerdote y Mago. Se trata de una pregunta muy meditada y madurada: usted empezará a buscar trabajo.

Continuamos con la tirada:

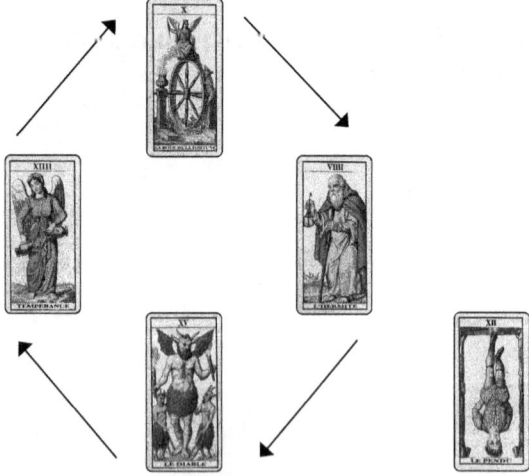

1.er arcano a la izquierda: Templanza (XIIII)
2.º arcano arriba: Rueda de la Fortuna (X)
3.er arcano a la derecha: Ermitaño (IX)
4.º arcano abajo: Diablo (XV)
5.º arcano, resultante del total de las cuatro cartas anteriores: 48; 4 + 8 = 12: Colgado (XII)

Conclusión
Tiene usted previsto cambiar de trabajo, pero sin prisas. Habrá cambios, pero no en seguida; la nueva situación le solucionaría los problemas económicos, pero por el momento se encuentra bloqueada.

Explicación
Templanza: piensa en cambiar de trabajo.
Rueda de la Fortuna: habrá un cambio de trabajo.
Ermitaño: deberá pasar cierto tiempo antes de que lo encuentre.
Diablo: sería positivo para su economía.
Colgado: por el momento, el asunto queda en suspenso. Habrá que repetir la pregunta al cabo de unas semanas.

Según el corte, va a empezar a buscar trabajo, pero la tirada indica que por el momento la situación está bloqueada.

13) Ejemplo profesional
¿Voy a cambiar de trabajo?

Tome de nuevo el tarot, pensando con fuerza en la pregunta. Baraje y corte.

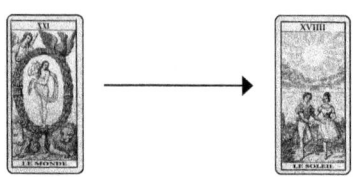

Al cortar obtiene: Mundo y Sol. Actualmente, su situación profesional es conveniente para usted.

Continuamos con la tirada:

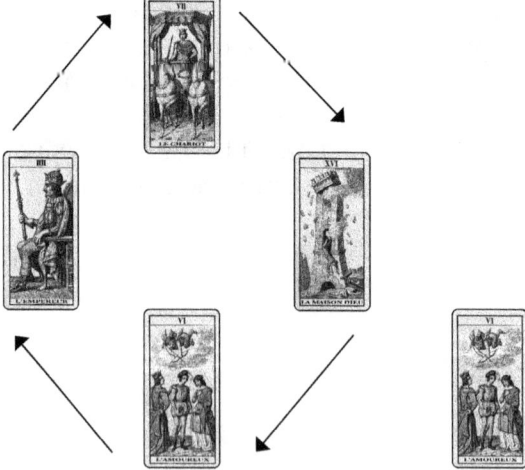

1.er arcano a la izquierda: Emperador (IIII)
2.º arcano arriba: Carro (VII)
3.er arcano a la derecha: Casa de Dios (XVI)
4.º arcano abajo: Enamorado (VI)
5.º arcano, resultante del total de las cuatro cartas anteriores: 33; 3 + 3 = 6: Enamorado (VI)

Conclusión
Actualmente, usted se siente a gusto con su empleo. Lo tiene controlado y, en realidad, no busca cambiar de trabajo, a pesar de que usted está en posición de poder permitírselo.

Explicación
Emperador: controla usted la situación actual.
  Carro: éxito en su trabajo.
  Casa de Dios: no hay cambio de trabajo en un futuro próximo.
  Enamorado: lleva usted a cabo numerosas actividades en su vida.
  Enamorado: lo que, en conclusión, confirma las múltiples posibilidades que le convienen.

Observará que la tirada coincide con el corte.

14) Ejemplo profesional
¿Voy a cambiar de trabajo?

Tome las cartas, al tiempo que se concentra en la pregunta. Baraje y corte.

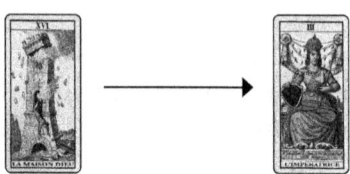

Al cortar obtiene: Casa de Dios y Emperatriz. Por el momento no hay ninguna posibilidad de cambio o mejora.

Continuamos con la tirada:

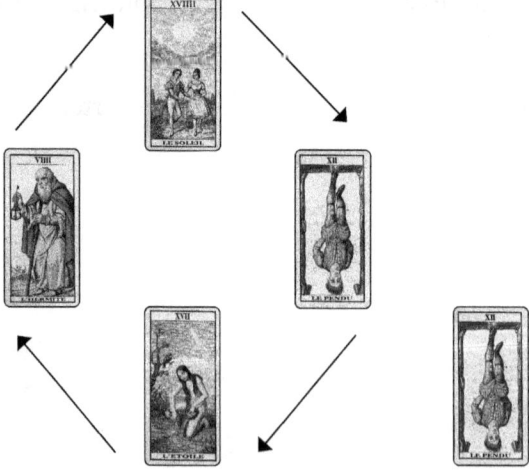

1.er arcano a la izquierda: Ermitaño (VIIII)
2.º arcano arriba: Sol (XVIIII)
3.er arcano a la derecha: Colgado (XII)
4.º arcano abajo: Estrella (XVII)
5.º arcano, resultante del total de las cuatro cartas anteriores: 57; 5 + 7 = 12: Colgado (XII)

Conclusión
A pesar de las ganas que tiene usted de cambiar, el puesto que ocupa actualmente es muy bueno por varias razones.

Explicación
Ermitaño: piensa en un cambio de trabajo.
 Sol: sin embargo, actualmente tiene un buen puesto de trabajo.
 Colgado: además, su petición es rechazada.
 Estrella: su trabajo le satisface y le aporta comodidad en el seno de su hogar.
 Colgado: rechaza el cambio en un futuro inmediato. Vuelva a formular la pregunta dentro de unos meses.

Observará que la tirada coincide con el corte, lo que significa que este no es el momento; se trata de una petición rechazada de entrada.

15) Ejemplo profesional
¿Voy a cambiar de trabajo?

Vuelva a tomar la baraja mientras se concentra en la pregunta. Mezcle y corte.

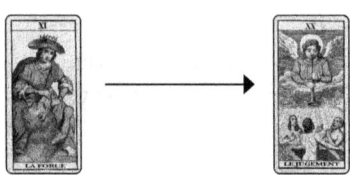

Al cortar obtiene: Fuerza y Juicio. Existen muchas posibilidades de que próximamente haya cambios en su vida.

Continuamos con la tirada:

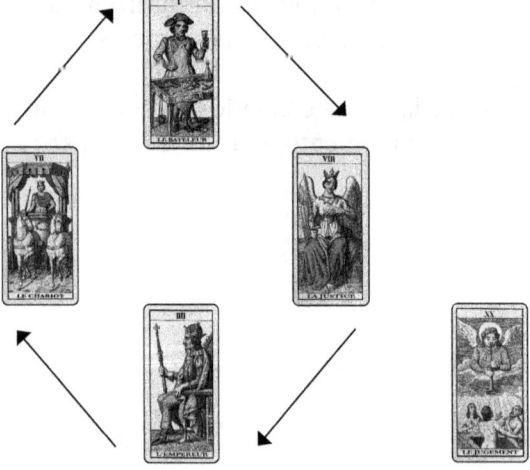

1.er arcano a la izquierda: Carro (VII)
2.º arcano arriba: Mago (I)
3.er arcano a la derecha: Justicia (VIII)
4.º arcano abajo: Emperador (IIII)
5.º arcano, resultante del total de las cuatro cartas: 20, Juicio (XX)

Conclusión
Tendrá la oportunidad de cambiar de trabajo muy pronto, y ello le aportará plena satisfacción y cierta serenidad.

Explicación
Carro: impulso que todo lo cambia.
Mago: noticia que llegará muy pronto, relacionada con su trabajo.
Justicia: aporta un equilibrio.
Emperador: triunfo material y satisfacción personal.
Juicio: llega cierta serenidad tanto a su hogar como a su trabajo.

Observará que la tirada coincide con el corte.

16) Ejemplo profesional
¿Me van a despedir?

Tome de nuevo las cartas del tarot y piense con fuerza en la pregunta. Baraje, y luego corte.

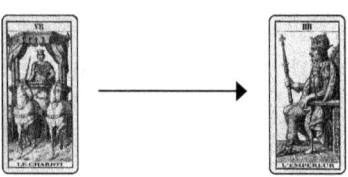

Al cortar obtiene: Carro y Emperador. Aparentemente, con este corte no hay ninguna razón para que el consultante sea despedido.

Continuamos con la tirada:

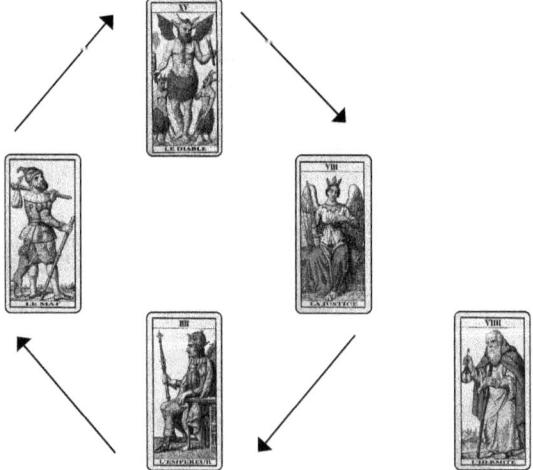

1.ᵉʳ arcano a la izquierda: Loco (0)
2.º arcano arriba: Diablo (XV)
3.ᵉʳ arcano a la derecha: Justicia (VIII)
4.º arcano abajo: Emperador (IIII)
5.º arcano, resultante del total de las cuatro cartas anteriores: 27; 2 + 7 = 9: Ermitaño (VIIII)

Conclusión
En estos momentos no sabe usted muy bien lo que le espera en su trabajo, aunque consigue manejarlo: se desprende cierta serenidad con respecto a él. Sin embargo, le conviene sobre todo en el terreno económico. Por consiguiente, no se vislumbra un despido.

Explicación
Loco: no sabe lo que le espera en el trabajo.
 Diablo: su empleo le conviene económicamente.
 Justicia: equilibrio en el trabajo.
 Emperador: goza de éxito laboral.
 Ermitaño: usted controla perfectamente su trabajo en solitario, por lo que con esta tirada no se indica que vaya a haber despido.

Observará que la tirada coincide con el corte.

17) Ejemplo profesional
¿Me van a despedir?

Vuelva a tomar las cartas, mientras piensa con fuerza en la pregunta. Baraje y corte.

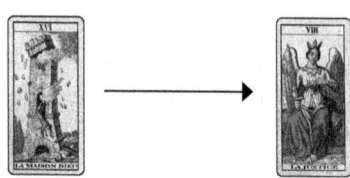

Al cortar obtiene: Casa de Dios y Justicia. Se pone en cuestión el equilibrio de la profesión.

Continuamos con la tirada:

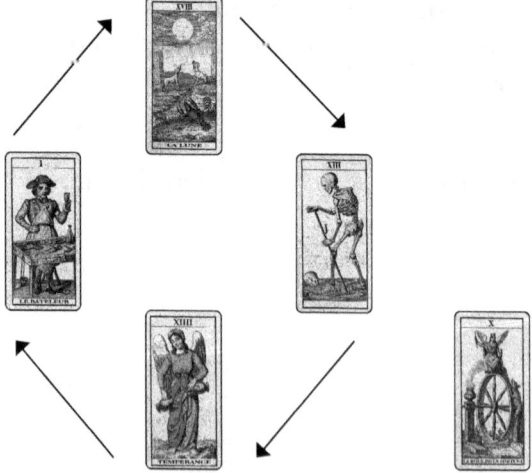

1.er arcano a la izquierda: Mago (I)
2.º arcano arriba: Luna (XVIII)
3.er arcano a la derecha: Arcano sin nombre (XIII)
4.º arcano abajo: Templanza (XIIII)
5.º arcano, resultante del total de las cuatro cartas anteriores: 46; 4 + 6 = 10: Rueda de la Fortuna (X)

Conclusión
En efecto, el asunto le preocupa con razón, ya que se perfila una interrupción en el trabajo en el horizonte. No es inmediato, pero sí bastante claro, a juzgar por la tirada.

Explicación
Mago: nos planteamos la pregunta seriamente.
 Luna: lo hacemos con preocupación.
 Arcano sin nombre: efectivamente hay una interrupción del trabajo.
 Templanza: esta no se producirá de inmediato.
 Fuerza: sin embargo, confirma que hay un cambio en el futuro.

Puede comprobar que el corte coincide con la tirada.

18) Ejemplo profesional
¿Me van a despedir?

Vuelva a empezar con el tarot y concéntrese en la pregunta. Baraje y corte.

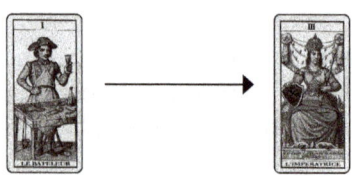

Al cortar obtiene: Mago y Emperatriz. Va a recibir una carta, pero no sabemos si tiene relación con un despido.

Continuamos con la tirada:

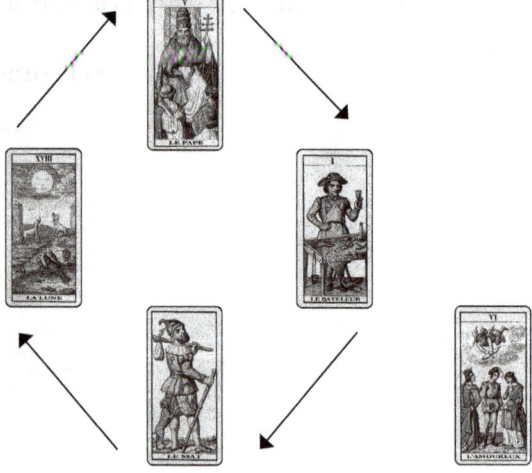

1.er arcano a la izquierda: Luna (XVIII)
2.º arcano arriba: Sumo Sacerdote (V)
3.er arcano a la derecha: Mago (I)
4.º arcano abajo: Loco (0)
5.º arcano, resultante del total de las cuatro cartas anteriores: 24; 2 + 4 = 6: Enamorado (VI)

Conclusión
Le preocupan su trabajo y su jefe y, en efecto, va a recibir una carta relativa a un despido colectivo.

Explicación
Luna: duda sobre un problema futuro, intuición.
 Sumo Sacerdote: está relacionado con su jefe.
 Mago: noticia que llega por correo o por teléfono.
 Loco: expresa el fin de alguna cosa, es decir, un despido.
 Enamorado: se refiere a su carácter colectivo; usted y varias personas más recibirán la misma noticia.

Advertirá que la tirada no coincide con el corte, pero aporta las precisiones necesarias.

19) Ejemplo profesional
¿Me van a despedir?

Tome las cartas y concéntrese en la pregunta. Baraje y luego corte.

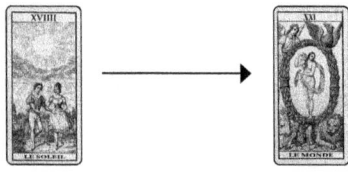

Al cortar obtiene: Sol y Mundo. No tendrá lugar ninguna clase de despido.

Continuamos con la tirada:

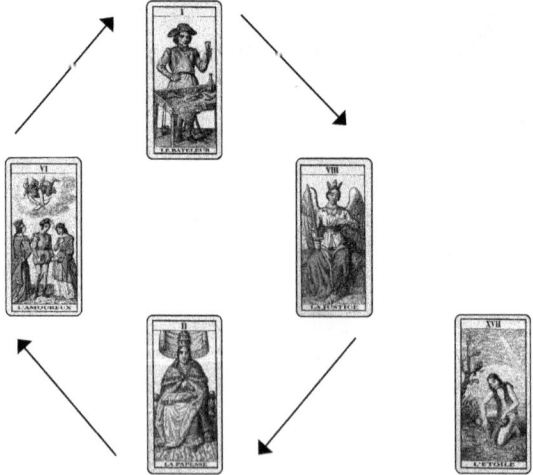

1.er arcano a la izquierda: Enamorado (VI)
2.º arcano arriba: Mago (I)
3.er arcano a la derecha: Justicia (VIII)
4.º arcano abajo: Sacerdotisa (II)
5.º arcano, resultante del total de las cuatro cartas: 17, Estrella (XVII)

Conclusión
Varias personas esperan un posible cambio y se plantean esta pregunta; sin embargo, este no llegará, ya que no hay ningún despido en el aire. Por el contrario, usted es una persona competente y a sus jefes les interesa conservarlo.

Explicación
Enamorado: hay varias personas preocupadas por esta noticia (el despido).
Mago: espera.
Justicia: existe un cierto equilibrio en su trabajo.
Sacerdotisa: por otra parte, el trabajo le aporta también mucha serenidad en el seno del hogar.
Estrella: no hay cambio, por lo que resulta perfecto para su situación.

Observe que, una vez más, la tirada coincide con el corte.

20) Ejemplo profesional
¿Me van a despedir?

Vuelva a tomar la baraja y mezcle las cartas al tiempo que piensa con fuerza en la pregunta. Corte.

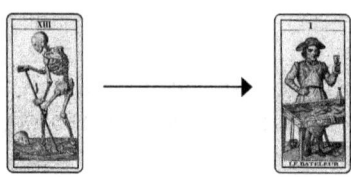

Al cortar obtiene: Arcano sin nombre y Mago. Prepárese para una mala noticia.

Continuamos con la tirada:

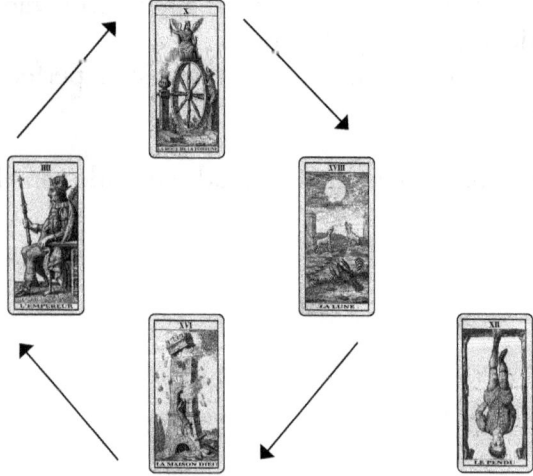

1.er arcano a la izquierda: Emperador (IIII)
2.º arcano arriba: Rueda de la Fortuna (X)
3.er arcano a la derecha: Luna (XVIII)
4.º arcano abajo: Casa de Dios (XVI)
5.º arcano, resultante del total de las cuatro cartas anteriores: 48; 4 + 8 = 12: Colgado (XII)

Conclusión
Aunque esté sereno con respecto a su futuro, surgirá la duda como consecuencia de la tirada. En efecto, se producirá un cambio en su trabajo, que tendrá repercusiones en su economía y en su familia.

Explicación
Emperador: es usted en este momento, en un estado de gran serenidad.
 Rueda de la Fortuna: habrá un cambio en su trabajo.
 Luna: todavía no sabe lo que va a pasar y la duda empieza a reemplazar a la serenidad.
 Casa de Dios: todo ello le causará problemas económicos.
 Colgado: la situación estará bloqueada durante un cierto tiempo.

Esto coincide con el corte, que ya anunciaba un cambio, una noticia relacionada con su trabajo.

21) Ejemplo profesional
Estoy desempleado, ¿voy a encontrar trabajo?

Vuelva a tomar el tarot, baraje y corte mientras piensa con fuerza en su pregunta.

Al cortar se obtiene: Mago y Sacerdotisa. Puede esperar, efectivamente, una noticia relacionada con el trabajo.

Continuamos con la tirada:

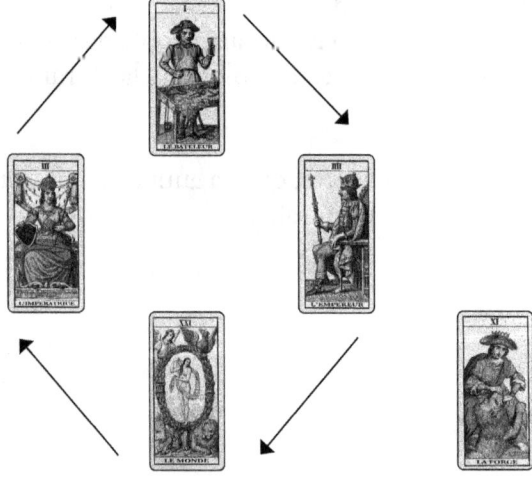

1.er arcano a la izquierda: Emperatriz (III)
2.º arcano arriba: Mago (I)
3.er arcano a la derecha: Emperador (IIII)
4.º arcano abajo: Mundo (XXI)
5.º arcano, resultante del total de las cuatro cartas anteriores: 29; 2 + 9 = 11: Fuerza (XI)

Conclusión
Se ha movido usted mucho para encontrar trabajo y espera una respuesta afirmativa, la cual no debería tardar en llegar.

Explicación
Emperatriz: indica la prensa, el correo, los escritos.
 Mago: representa la noticia que se espera.
 Emperador: esta debería ser positiva.
 Mundo: además, arreglará mucho las cosas.
 Fuerza: esta noticia llega con fuerza y rapidez.

Esta tirada coincide con el corte; se trata de una buena noticia para usted.

22) Ejemplo profesional
Estoy desempleado, ¿voy a encontrar trabajo?

Recoja las cartas. Baraje y corte al tiempo que se concentra en la pregunta.

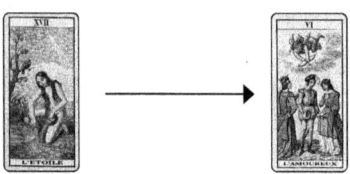

Al cortar obtiene: Estrella y Enamorado. Existen muchas probabilidades de que encuentre trabajo; es posible, incluso, que tenga varias proposiciones.

Continuamos con la tirada:

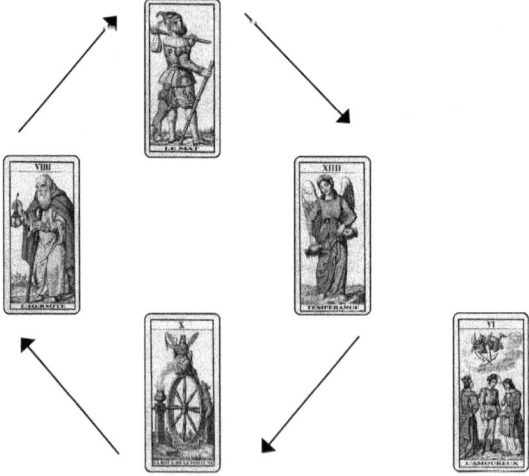

1.er arcano a la izquierda: Ermitaño (VIIII)
2.º arcano arriba: Loco (0)
3.er arcano a la derecha: Templanza (XIIII)
4.º arcano abajo: Rueda de la Fortuna (X)
5.º arcano, resultante del total de las cuatro cartas anteriores: 33; 3 + 3 = 6: Enamorado (VI)

Conclusión
Nos sentimos solos durante las gestiones que realizamos, y no sabemos muy bien adónde vamos. Entonces, multiplicamos las llamadas telefónicas y las cartas con la esperanza de una respuesta favorable. Sin embargo, vamos a disponer de varias ofertas que, de hecho, llevarán consigo nuevos interrogantes.

Explicación
Ermitaño: nos sentimos solos.
 Loco: no sabemos adónde vamos.
 Templanza: comunicación, llamada telefónica.
 Rueda de la Fortuna: esperamos un cambio.
 Enamorado: tenemos varias propuestas y, por consiguiente, varias soluciones.

El corte coincide con la tirada.

23) Ejemplo profesional
Estoy desempleado, ¿voy a encontrar trabajo?

Tome la baraja de tarot. Mezcle y corte mientras se concentra en la pregunta.

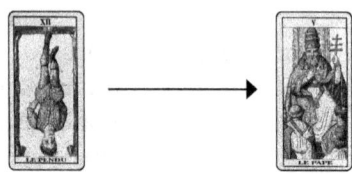

Al cortar obtiene: Colgado y Sumo Sacerdote. En este momento vivimos una situación que creemos que no tiene salida, pero a pesar de todo intentamos avanzar.

Continuamos con la tirada:

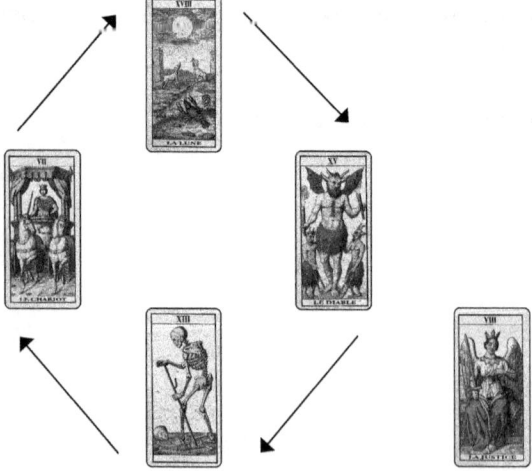

1.er arcano a la izquierda: Carro (VII)
2.º arcano arriba: Luna (XVIII)
3.er arcano a la derecha: Diablo (XV)
4.º arcano abajo: Arcano sin nombre (XIII)
5.º arcano, resultante del total de las cuatro cartas anteriores: 53; 5 + 3 = 8: Justicia (VIII)

Conclusión
Usted se mueve mucho para encontrar trabajo, pero no tiene confianza en sí mismo. Además, la depresión se va apoderando de usted. En efecto, los resultados se hacen esperar por el momento, pero no por ello debe perder usted la esperanza.

Explicación
Carro: se esfuerza para encontrar trabajo.
Luna: duda de sí mismo.
Diablo: se siente un poco deprimido.
Arcano sin nombre: no hay resultados en un futuro inmediato.
Justicia: pero no por ello debe perder el equilibrio

Esta tirada coincide con el corte. Hay que tener paciencia y no desanimarse.

Pregunta sobre un despido (tema delicado):
respuestas según el 5.º arcano resultante

    I *Mago: esperamos una noticia.*
   II *Sacerdotisa: no, de momento no hay información sobre este tema.*
  III *Emperatriz: recibimos la noticia por correo.*
 IIII *Emperador: no, por el momento todo va bien.*
   V *Sumo Sacerdote: no va a pasar ahora.*
  VI *Enamorado: nos asalta realmente la duda.*
 VII *Carro: no.*
VIII *Justicia: no, pero puede haber un cambio de contrato.*
VIIII *Ermitaño: hay que hacer acopio de paciencia.*
   X *Rueda de la Fortuna: se respira un cambio en el ambiente.*
  XI *Fuerza: cambio.*
 XII *Colgado: no por el momento, hay que tener paciencia.*
XIII *Arcano sin nombre: cambio, transformación.*
XIIII *Templanza: sí, pero no de inmediato.*
  XV *Diablo: sí, con una indemnización importante.*
 XVI *Casa de Dios: sí.*
XVII *Estrella: no.*
XVIII *Luna: estamos hechos un mar de dudas, intranquilos.*
XVIIII *Sol: no.*
  XX *Juicio: no por el momento.*
 XXI *Mundo: no.*
   0 *Loco: no sabemos muy bien hacia dónde vamos, aunque el asunto está presente.*

Preguntas de orden económico

Vamos a abordar ahora las finanzas por medio de unas tiradas con casos de figuras diferentes y que tratan asuntos de la vida cotidiana, por ejemplo, preguntas sobre:

— problemas económicos,
— ganancias en juegos de azar,
— obtención de un crédito,
— precisiones sobre esta pregunta,
— una compra inmobiliaria (la casa de sus sueños, un piso),
— una venta (casa, piso),
— un cambio de casa.

También en este momento vamos a obtener muchas respuestas sobre estos asuntos, y sólo si trabaja su tarot tan a menudo como le sea posible, afinará su interpretación y su intuición.
Con el tiempo, su baraja dejará de tener secretos para usted.

¡A las cartas!

1) Ejemplo de economía
¿Se acabarán mis problemas económicos?

Tome la baraja de tarot. Mezcle y corte mientras se concentra en la pregunta. (Haga lo mismo en los ejemplos que siguen.)

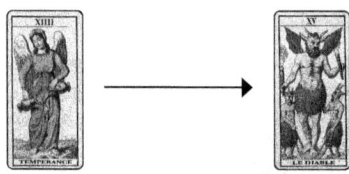

Al cortar obtiene: Templanza y Diablo. Debería recibir noticias con respecto a sus finanzas.

Continuamos con la tirada:

1.er arcano a la izquierda: Sol (XVIIII)
2.º arcano arriba: Carro (VII)
3.er arcano a la derecha: Templanza (XIIII)
4.º arcano abajo: Justicia (VIII)
5.º arcano, resultante del total de las cuatro cartas anteriores: 48; 4 + 8 = 12: Colgado (XII)

Conclusión
Actualmente y por el momento, usted se las va arreglando, ya sea mejor, ya peor. En efecto, usted espera una entrada de dinero que equilibrará su economía, aunque aquella no será inmediata. Mientras tanto, se encuentra en un compás de espera.

Explicación
Sol: de momento, se las arregla tal como está.
 Carro: espera una mejora de su economía.
 Templanza: esta no tardará mucho en llegar.
 Justicia: este dinero volvería a equilibrar sus cuentas.
 Colgado: de momento, la situación se encuentra bloqueada.

El corte coincide con la tirada; sin embargo, esta última aporta una precisión en cuanto a la duración de la espera.

2) Ejemplo de economía
¿Se acabarán mis problemas económicos?

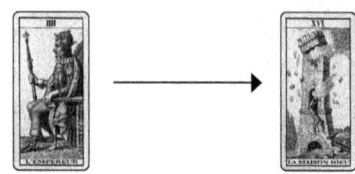

Al cortar obtiene: Emperador y Casa de Dios. En efecto, su situación financiera es caótica.

Continuamos con la tirada:

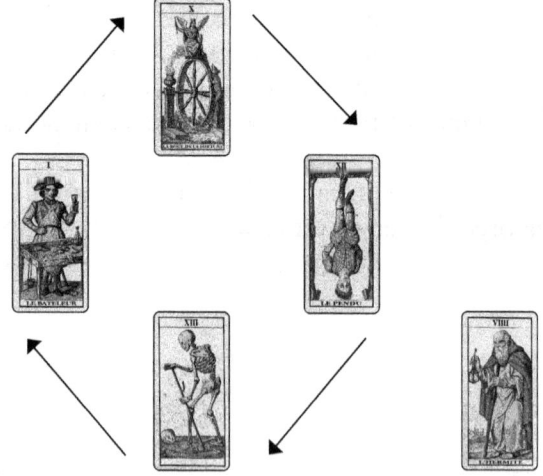

1.er arcano a la izquierda: Mago (I)
2.º arcano arriba: Rueda de la Fortuna (X)
3.er arcano a la derecha: Colgado (XII)

4.º arcano abajo: Arcano sin nombre (XIII)
5.º arcano, resultante del total de las cuatro cartas anteriores: 36; 3 + 6 = 9: Ermitaño (VIIII)

Conclusión
Le gustaría que el asunto se moviera y que hubiera un cambio, pero por el momento la situación está estancada y usted se siente muy solo.

Explicación
Mago: esperamos una noticia.
 Rueda de la Fortuna: nos gustaría que sucediera un cambio.
 Colgado: por el momento, hay un compás de espera.
 Arcano sin nombre: sin embargo, habrá una transformación en el futuro.
 Ermitaño: soledad frente a la situación actual.

La tirada coincide con el corte.

3) Ejemplo de economía

Se puede precisar la pregunta: ¿conseguiré un crédito?

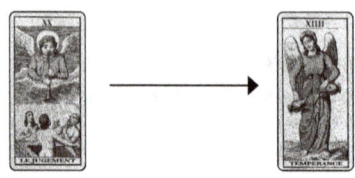

Al cortar obtiene: Juicio y Templanza. Encontrará una solución a sus finanzas en un futuro bastante próximo.

Continuamos con la tirada:

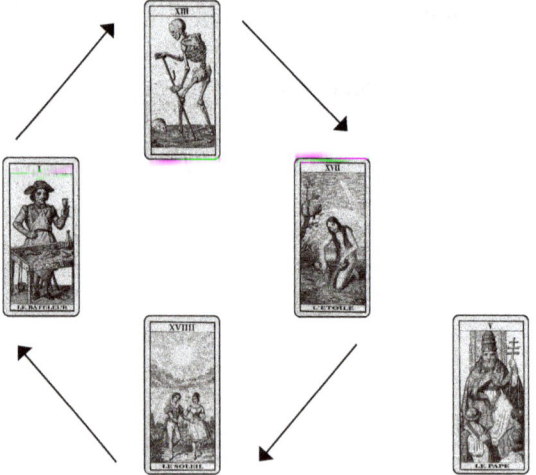

1.er arcano a la izquierda: Mago (I)
2.º arcano arriba: Arcano sin nombre (XIII)
3.er arcano a la derecha: Estrella (XVII)

4.º arcano abajo: Sol (XVIIII)
5.º arcano, resultante del total de las cuatro cartas anteriores: 50; 5 + 0 = 5: Sumo Sacerdote (V)

Conclusión
Buscamos una solución con las entidades oportunas (banco, sociedades de crédito), y los problemas se resuelven rápidamente, lo cual simplifica su vida económica.

Explicación
Mago: contactamos con el banquero.
Arcano sin nombre: se lleva a cabo un plan de financiación.
Estrella: este se realiza con bastante facilidad.
Sol: el plan tiene éxito.
Sumo Sacerdote: todo ello vuelve a equilibrar su cuenta bancaria.

El corte coincide con la tirada.

4) Ejemplo de economía
¿Voy a ganar en el juego?

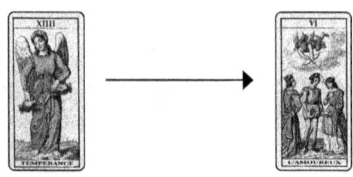

Al cortar obtiene: Templanza y Enamorado. Podemos ganar pequeñas cantidades de dinero.

Continuamos con la tirada:

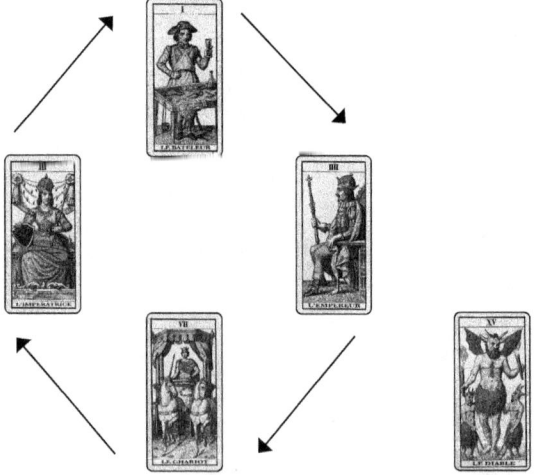

1.er arcano a la izquierda: Emperatriz (III)
2.º arcano arriba: Mago (I)
3.er arcano a la derecha: Emperador (IIII)

4.º arcano abajo: Carro (VII)
5.º arcano, resultante del total de las cuatro cartas: 15, Diablo (XV)

Conclusión
Tiene usted muchas ganas de jugar: pruebe fortuna; cuenta con probabilidades de ganar.

Explicación
Emperatriz: queremos tentar la suerte en varios juegos.
    Mago: nos lanzamos a esta aventura.
    Emperador: con posibilidades de éxito.
    Carro: nuestra situación mejora.
    Diablo: éxito y suerte en los juegos de azar.

El corte coincide con la tirada.

5) Ejemplo de economía
¿Voy a ganar en el juego?

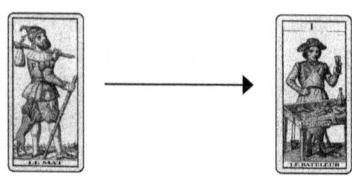

Al cortar obtiene: Loco y Mago, por lo que podemos probar suerte.

Continuamos con la tirada:

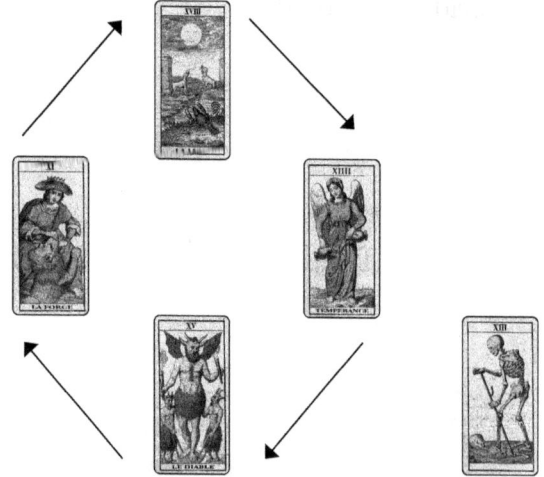

1.er arcano a la izquierda: Fuerza (XI)
2.º arcano arriba: Luna (XVIII)
3.er arcano a la derecha: Templanza (XIIII)

4.º arcano abajo: Diablo (XV)
5.º arcano, resultante del total de las cuatro cartas anteriores: 58; 5 + 8 = 13: Arcano sin nombre (XIII)

Conclusión
Las ganas de jugar están ahí, pero dudamos de nuestra suerte. En principio deberíamos ganar sólo pequeñas cantidades, unos ingresos demasiado módicos para continuar con ganas de seguir jugando.

Explicación
Fuerza: tenemos ganas de jugar.
Luna: dudamos del éxito.
Templanza: sin embargo, deberíamos ganar.
Diablo: lograríamos unas cantidades pequeñas pero que serían bienvenidas, dada la situación de nuestra economía.
Arcano sin nombre: nos anima a continuar.

La tirada coincide el corte.

6) Ejemplo de economía
¿Voy a ganar en el juego?

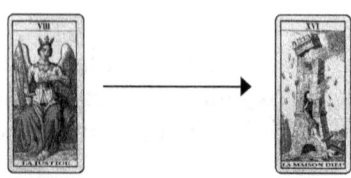

Al cortar obtiene: Justicia y Casa de Dios. Este equilibrio puede verse desestabilizado.

Continuamos con la tirada:

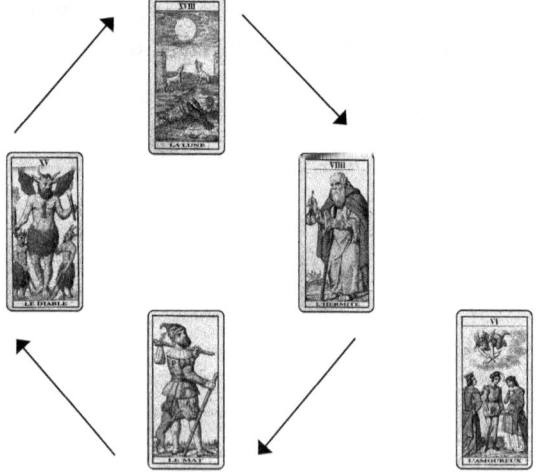

1.er arcano a la izquierda: Diablo (XV)
2.º arcano arriba: Luna (XVIII)
3.er arcano a la derecha: Ermitaño (VIIII)

4.º arcano abajo: Loco (0)
5.º arcano, resultante del total de las cuatro cartas anteriores: 42; 4 + 2 = 6: Enamorado (VI)

Conclusión
Estamos deseosos de ganar dinero rápidamente mediante el juego, pero dudamos de nuestras posibilidades de éxito. Sin embargo el logro está garantizado, aunque sólo de pequeñas cantidades.

Explicación
Diablo: vamos a ganar en el juego.
 Luna: nos embarga la duda.
 Ermitaño: por consiguiente, reflexionamos.
 Loco: ignoramos dónde nos metemos (es un universo desconocido para nosotros).
 Enamorado: no obstante, podemos ganar pequeñas cantidades de dinero.

En esta ocasión la tirada no coincide con el corte, pues este predecía un fracaso en nuestro deseo de ganar en el juego. Este ejemplo muestra claramente que no hay que pararse en la interpretación del corte, sino continuar con la tirada.

7) Ejemplo de economía
¿Me darán el crédito?

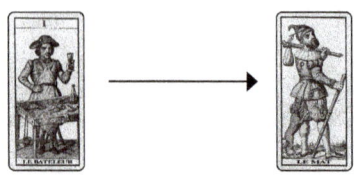

Al cortar obtiene: Mago y Loco; llevamos a cabo las gestiones oportunas en el banco, pero no sabemos si saldrá bien o no.

Continuamos con la tirada:

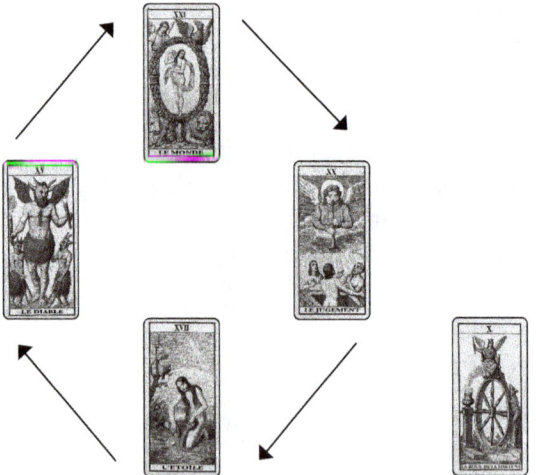

1.er arcano a la izquierda: Diablo (XV)
2.º arcano arriba: Mundo (XXI)
3.er arcano a la derecha: Juicio (XX)

4.º arcano abajo: Estrella (XVII)
5.º arcano, resultante del total de las cuatro cartas anteriores: 73; 7 + 3 = 10: Rueda de la Fortuna (X)

Conclusión
Usted necesita el dinero y, por consiguiente, hace las gestiones necesarias para conseguir un crédito. Se muestra usted confiado, y con razón, porque va a tener lugar un feliz cambio en su economía.

Explicación
Diablo: necesitamos dinero.
  Mundo: tenemos confianza.
  Juicio: nuestra confianza se apoya en razones.
  Estrella: su acción está protegida por las estrellas.
  Rueda de la Fortuna: éxito.

En este caso, la tirada aporta más detalles que el corte.

8) Ejemplo de economía
¿Me darán el crédito?

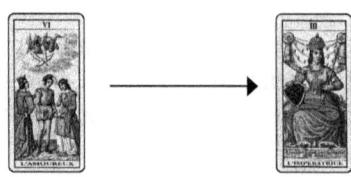

Al cortar obtiene: Enamorado y Emperatriz; podría haber numerosas maneras de conseguir ese crédito.

Continuamos con la tirada:

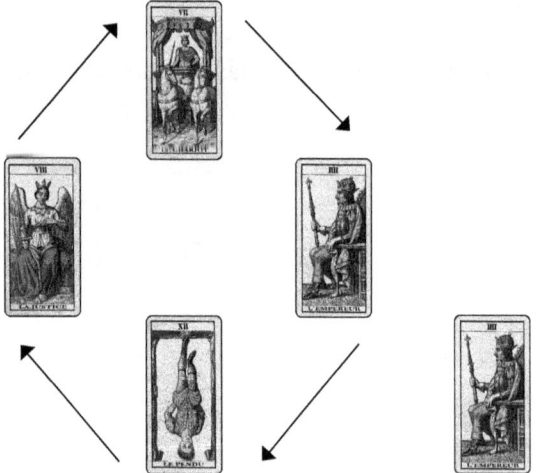

1.er arcano a la izquierda: Justicia (VIII)
2.º arcano arriba: Carro (VII)
3.er arcano a la derecha: Emperador (IIII)

4.º arcano abajo: Colgado (XII)
5.º arcano, resultante del total de las cuatro cartas anteriores: 31; 3 + 1 = 4: Emperador (IIII)

Conclusión
Va usted al banco a solicitar el crédito. Tiene muchas probabilidades de conseguirlo, aunque aparezcan obstáculos en su camino.

Explicación
Justicia: decidimos acudir a las entidades bancarias.

Carro: estamos seguros de nosotros mismos y de la documentación que aportamos.

Emperador: nos dirigimos hacia el éxito.

Colgado: conseguiremos nuestro objetivo, aunque advirtamos alguna vacilación por parte de los bancos.

Emperador: logramos lo que hemos emprendido, a pesar de todo.

La tirada coincide con el corte.

9) Ejemplo de economía
¿Me darán el crédito?

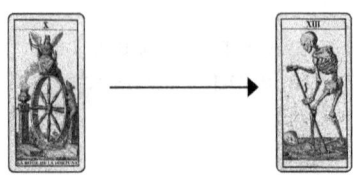

Al cortar obtiene: Rueda de la Fortuna y Arcano sin nombre; desea una ayuda económica.

Continuamos con la tirada:

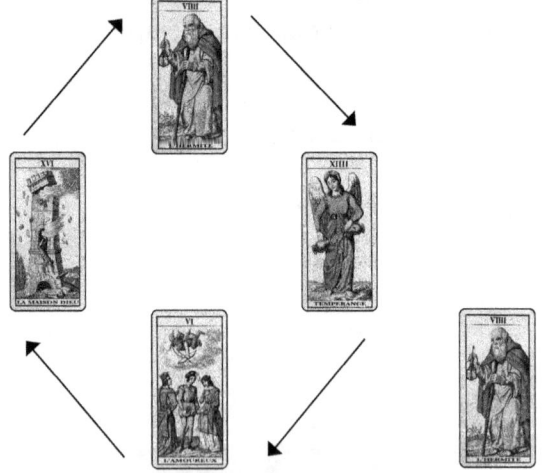

1.er arcano a la izquierda: Casa de Dios (XVI)
2.º arcano arriba: Ermitaño (VIIII)
3.er arcano a la derecha: Templanza (XIIII)

4.º arcano abajo: Enamorado (VI)
5.º arcano, resultante del total de las cuatro cartas anteriores: 45; 4 + 5 = 9: Ermitaño (VIIII)

Conclusión
En estos momentos, su economía anda por los suelos, lo cual le preocupa. Quiere modificar esta situación, pero no sabe por dónde empezar.

Explicación
Casa de Dios: el estado de su economía es catastrófico.
Ermitaño: se siente usted muy solo.
Templanza: debe encontrar una solución, y la ayuda de alguna persona próxima puede sacar a flote su cuenta bancaria.
Enamorado: sin embargo, no sabe usted cómo hacerlo.
Ermitaño: pero puede tomarse su tiempo.

N.B. Cuando le salga este tipo de respuesta vaga, vuelva a formular la pregunta. Baraje de nuevo y corte mientras se concentra en la pregunta.

10) Ejemplo de economía
Volvemos a formular la pregunta: ¿me darán el crédito?

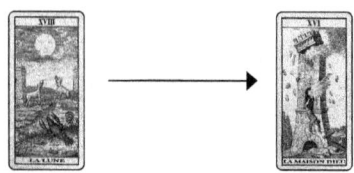

Al cortar obtiene: Luna y Casa de Dios; a pesar de este corte difícil, persistimos en ello.

Continuamos con la tirada:

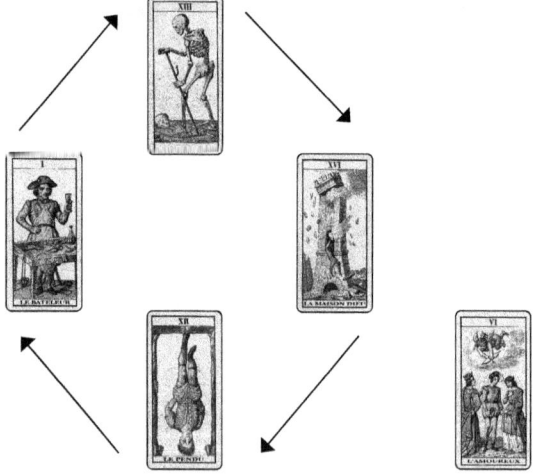

1.er arcano a la izquierda: Mago (I)
2.º arcano arriba: Arcano sin nombre (XIII)
3.er arcano a la derecha: Casa de Dios (XVI)

4.º arcano abajo: Colgado (XII)
5.º arcano, resultante del total de las cuatro cartas anteriores: 42; 4 + 2 = 6: Enamorado (VI)

Conclusión

Intentamos encontrar una solución pero, por el momento, todo está bloqueado. Es inútil continuar con las gestiones para la obtención de un crédito, por lo menos de momento; es preferible esperar.

Explicación

Mago: tratamos de encontrar una solución al problema económico.

Arcano sin nombre: sin embargo, esto nos resulta bastante difícil.

Casa de Dios: todo parece estar en contra suya.

Colgado: efectivamente, la situación está bloqueada de momento.

Enamorado: ninguna de sus gestiones dará resultado.

El corte coincide con la tirada.

11) Ejemplo de economía
¿Voy a comprarme la casa de mis sueños?

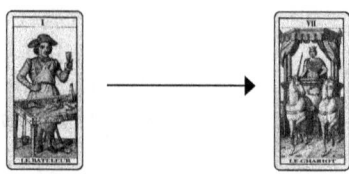

Al cortar se obtiene: Mago y Carro; en efecto, tenemos muchas ganas de cambiar de casa, y deberíamos lograr nuestro anhelo.

Continuamos con la tirada:

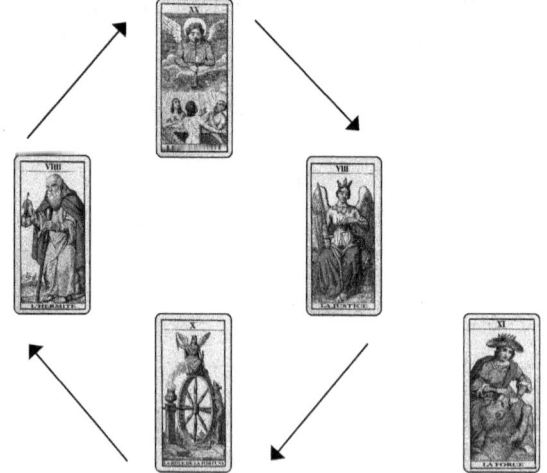

1.er arcano a la izquierda: Ermitaño (VIIII)
2.º arcano arriba: Juicio (XX)
3.er arcano a la derecha: Justicia (VIII)

4.º arcano abajo: Rueda de la Fortuna (X)
5.º arcano, resultante del total de las cuatro cartas anteriores: 47; 4 + 7 = 11: Fuerza (XI)

Conclusión
Tras profundas reflexiones, usted quiere cambiar de aires y se siente bien después de haber tomado esta decisión. En un futuro próximo tendrá que firmar unos documentos, lo que le llevará a un cambio de residencia.

Explicación
Ermitaño: reflexión relacionada con un cambio de casa.
Juicio: tenemos confianza con respecto a este cambio.
Justicia: es posible que debamos ir a un notario.
Rueda de la Fortuna: próximamente habrá un cambio.
Fuerza: este cambio será positivo.

El corte coincide con la tirada.

12) Ejemplo de economía
¿Voy a comprarme un piso?

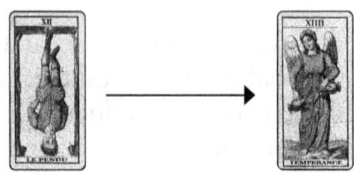

Al cortar se obtiene: Colgado y Templanza. Le gustaría; se trata de un deseo real, pero actualmente todo parece estar en contra de usted. La situación está bloqueada.

Continuamos con la tirada:

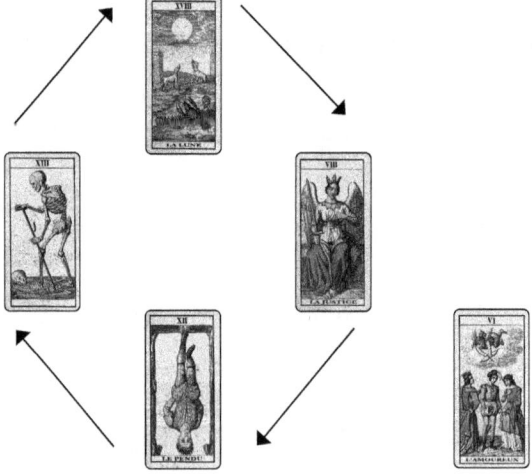

1.er arcano a la izquierda: Arcano sin nombre (XIII)
2.º arcano arriba: Luna (XVIII)
3.er arcano a la derecha: Justicia (VIII)

4.º arcano abajo: Colgado (XII)
5.º arcano, resultante del total de las cuatro cartas anteriores: 51; 5 + 1 = 6: Enamorado (VI)

Conclusión
Desea comprar una casa, sin embargo, de momento, no está preparado en su inconsciente. Además, la cuestión económica plantea problemas y bloquea la situación.

Explicación
Arcano sin nombre: en efecto, querría que algo cambiara en su vida diaria.
Luna: alberga algunas dudas con respecto a los cambios que debe hacer.
Justicia: las dudas complican las relaciones con terceros (agencias inmobiliarias, notarios…).
Colgado: de momento las gestiones no llegan a buen fin, sobre todo por motivos económicos.
Enamorado: no es el momento de querer comprar, hay demasiados impedimentos.

Habrá que volver a formular la pregunta más adelante, dentro de uno o dos meses.

13) Ejemplo de economía
¿Voy a comprarme un piso?

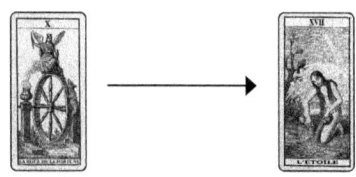

Al cortar obtiene: Rueda de la Fortuna y Estrella; se perfila un cambio feliz en el horizonte.

Continuamos con la tirada:

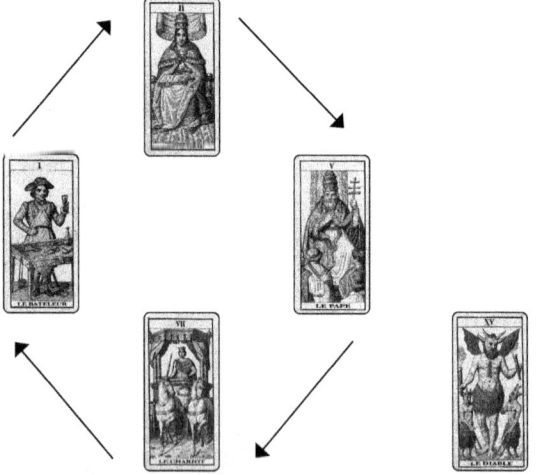

1.er arcano a la izquierda: Mago (I)
2.º arcano arriba: Sacerdotisa (II)
3.er arcano a la derecha: Sumo Sacerdote (V)

4.º arcano abajo: Carro (VII)
5.º arcano, resultante del total de las cuatro cartas: 15, Diablo (XV)

Conclusión
Nuestro deseo de comprar es muy intenso. Es una buena idea, pues es el momento adecuado. El proyecto debería llegar a buen fin en un futuro próximo, en la medida en que usted cuente con los fondos necesarios.

Explicación
Mago: nace la idea de compra.
Sacerdotisa: es una buena idea.
Sumo Sacerdote: esta idea se ha preparado con serenidad.
Carro: debería concretarse en un futuro muy próximo.
Diablo: no tendría que haber problemas particulares con la financiación.

La tirada coincide con el corte.

14) Ejemplo de economía
¿Voy a vender mi piso?

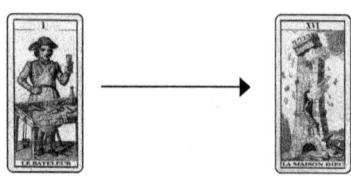

Al cortar se obtiene: Mago y Casa de Dios; en estos momentos se nos ha ocurrido vender, pero es algo complicado.

Continuamos con la tirada:

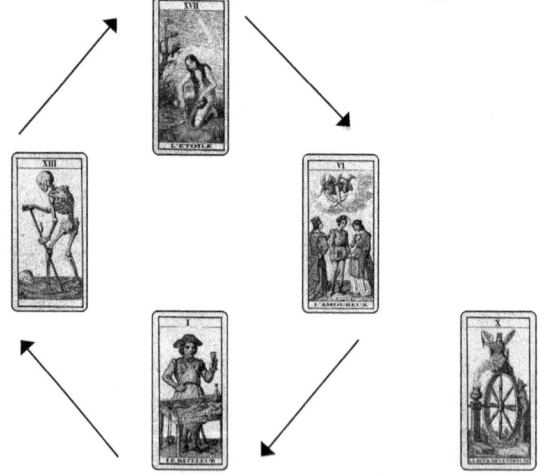

1.er arcano a la izquierda: Arcano sin nombre (XIII)
2.º arcano arriba: Estrella (XVII)
3.er arcano a la derecha: Enamorado (VI)

4.º arcano abajo: Mago (I)
5.º arcano, resultante del total de las cuatro cartas anteriores: 37; 3 + 7 = 10: Rueda de la Fortuna (X)

Conclusión
En un primer momento tenemos la intención de transformar, mover, vender; es una buena idea. Hay varios compradores, lo que desembocará en una transacción muy próxima y, por consiguiente, en un cambio.

Explicación
Arcano sin nombre: mutación.
    Estrella: de carácter muy benéfico.
    Enamorado: hay varios compradores.
    Mago: avanza en la transacción.
    Rueda de la Fortuna: consigue un cambio en su vida.

La tirada aporta más detalles que el corte.

15) Ejemplo de economía
¿Voy a vender mi piso?

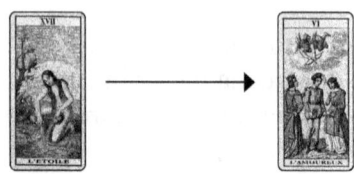

Al cortar obtiene: Estrella y Enamorado. La respuesta es sí; de hecho, incluso podría haber varias personas interesadas.

Continuamos con la tirada:

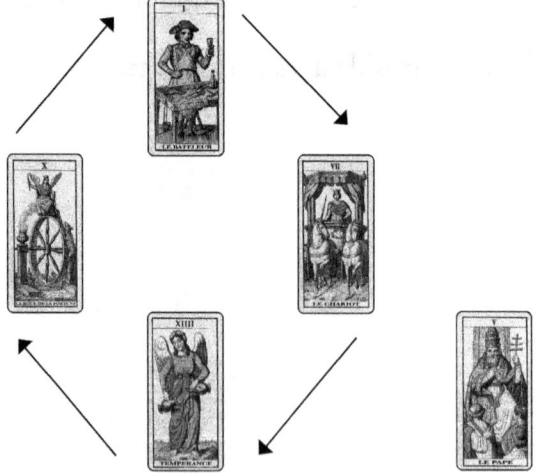

1.er arcano a la izquierda: Rueda de la Fortuna (X)
2.º arcano arriba: Mago (I)
3.er arcano a la derecha: Carro (VII)

4.º arcano abajo: Templanza (XIIII)
5.º arcano, resultante del total de las cuatro cartas anteriores: 32; 3 + 2 = 5: Sumo Sacerdote (V)

Conclusión

Tenemos ganas de un cambio y queremos cambiar de piso. No tardaremos en encontrar un comprador, con el cual se llegará a un acuerdo sin excesivos contratiempos.

Explicación

Rueda de la Fortuna: deseamos vender, queremos un cambio.
 Mago: este debería producirse pronto.
 Carro: hay una venta o transacciones financieras en el aire.
 Templanza: no debería haber problemas para lograr una venta satisfactoria.
 Sumo Sacerdote: no existirán problemas.

El corte coincide con la tirada.

16) Ejemplo de economía
¿Voy a vender mi casa?

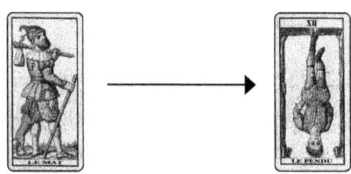

Al cortar obtiene: Loco y Colgado; por el momento no se sabe muy bien hacia dónde vamos, y la situación parece complicada.

Continuamos con la tirada:

1.er arcano a la izquierda: Colgado (XII)
2.º arcano arriba: Sumo Sacerdote (V)
3.er arcano a la derecha: Templanza (XIIII)

4.º arcano abajo: Luna (XVIII)
5.º arcano, resultante del total de las cuatro cartas anteriores: 49; 4 + 9 = 13: Arcano sin nombre (XIII)

Conclusión

A pesar de las ganas que tiene de volver a empezar de nuevo, la situación está bloqueada y no hay posibilidad de conseguirlo en un futuro próximo.

Explicación

Colgado: por el momento, la venta está bloqueada.

Sumo Sacerdote: sin embargo, no nos lo podemos sacar de la cabeza.

Templanza: aunque únicamente la hiciéramos para empezar de nuevo.

Luna: aún existen dudas.

Arcano sin nombre: se trata de una situación caduca.

Es conveniente volver a formular la pregunta más adelante.

El corte coincide con la tirada.

17) Ejemplo de economía
¿Voy a mudarme?

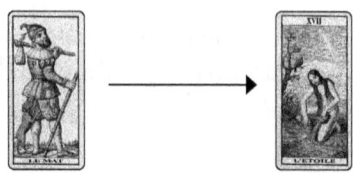

Al cortar obtiene: Loco y Estrella. La respuesta es sí, y muy pronto.

Continuamos con la tirada:

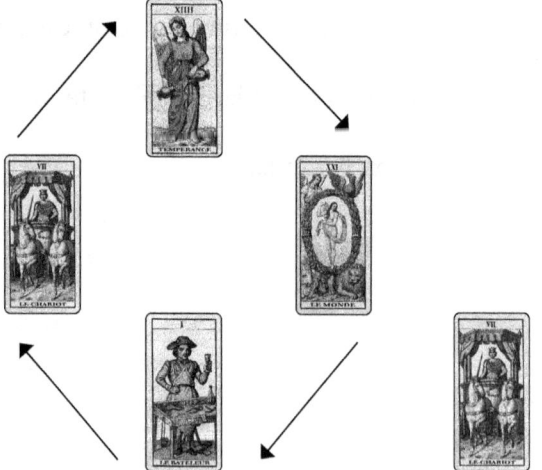

1.er arcano a la izquierda: Carro (VII)
2.º arcano arriba: Templanza (XIIII)
3.er arcano a la derecha: Mundo (XXI)

4.º arcano abajo: Mago (I)
5.º arcano, resultante del total de las cuatro cartas anteriores: 43; 4 + 3 = 7: Carro (VII)

Conclusión
En efecto, queremos mudarnos. Por decirlo así, ya está decidido y hecho en nuestra cabeza, pero ahora hay que ponerlo en práctica. Debería llevarse a cabo muy pronto y entonces se convertirá en un nuevo cambio en nuestra vida.

Explicación
Carro: se quiere cambiar, transformar lo cotidiano.
   Templanza: y así se hará realidad.
   Mundo: en un futuro muy próximo.
   Mago: se realiza para iniciar una nueva etapa.
   Carro: será un éxito.

El corte coincide con la tirada.

18) Ejemplo de economía
¿Voy a mudarme?

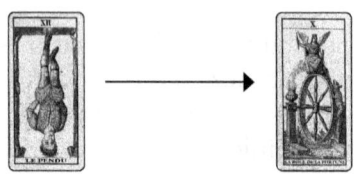

Al cortar obtiene: Colgado y Rueda de la Fortuna; a usted le apetece un cambio, pero la situación parece bastante complicada.

Continuamos con la tirada:

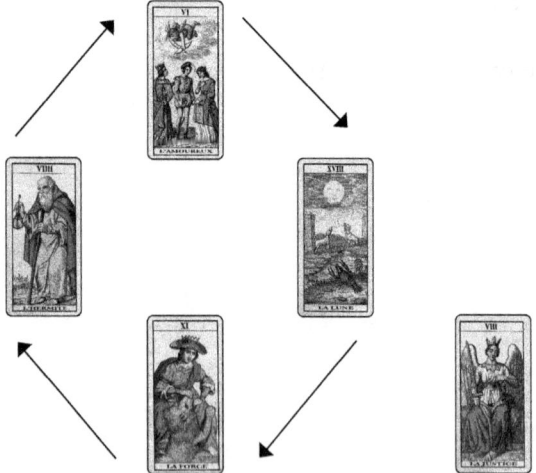

1.er arcano a la izquierda: Ermitaño (VIIII)
2.º arcano arriba: Enamorado (VI)
3.er arcano a la derecha: Luna (XVIII)

4.º arcano abajo: Fuerza (XI)
5.º arcano, resultante del total de las cuatro cartas anteriores: 44; 4 + 4 = 8: Justicia (VIII)

Conclusión
A pesar de sus ganas, usted vacila a la hora de ponerse en movimiento, ya que le asaltan un montón de dudas. Por ello, sólo se queda con la idea, pero aún no pasa a la acción. Al final, decide quedarse en su domicilio actual.

Explicación
Ermitaño: piensa en un cambio de casa.
 Enamorado: sin embargo, titubea.
 Luna: esta vaguedad se refuerza.
 Fuerza: aparentemente se encuentra bien en su domicilio actual.
 Justicia: allí encuentra un cierto equilibrio.

La tirada coincide con el corte.

19) Ejemplo de economía
¿Voy a mudarme próximamente?

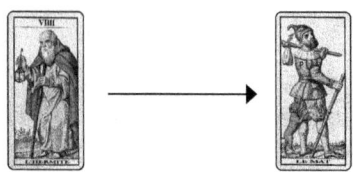

Al cortar obtiene: Ermitaño y Loco. Esto implica un deseo de cambiar de casa o piso después de haber vivido allí muchos años, pero también existe miedo a lo desconocido.

Continuamos con la tirada:

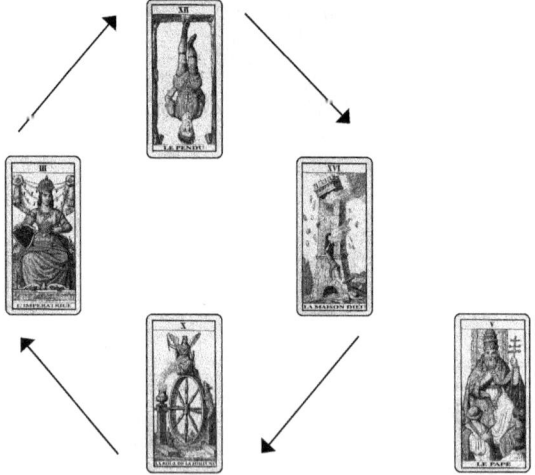

1.er arcano a la izquierda: Emperatriz (III)
2.º arcano arriba: Colgado (XII)
3.er arcano a la derecha: Casa de Dios (XVI)

4.º arcano abajo: Rueda de la Fortuna (X)
5.º arcano, resultante del total de las cuatro cartas anteriores: 41; 4 + 1 = 5: Sumo Sacerdote (V)

Conclusión
Se trata de un cambio deseado, que de momento está bloqueado; esto no impide que se vaya a producir más adelante: el Sumo Sacerdote refuerza esta posición. La espera se presenta como la mejor opción.

Explicación
Emperatriz: queremos cambiar de domicilio.
   Colgado: de momento no va a suceder.
   Casa de Dios: no vale la pena insistir en ello.
   Rueda de la Fortuna: más adelante nos mudaremos.
   Sumo Sacerdote: este arcano lo confirma.

La tirada coincide con el corte.

Pregunta sobre un negocio durante este año: respuestas según el 5.º arcano resultante

I   *Mago: me informo sobre un posible negocio.*
II   *Sacerdotisa: reflexión.*
III   *Emperatriz: multiplico las gestiones.*
IIII   *Emperador: sí, lo deseo.*
V   *Sumo Sacerdote: lo reflexiono mucho.*
VI   *Enamorado: vacilo.*
VII   *Carro: sí, con éxito.*
VIII   *Justicia: sopeso los pros y los contras.*
VIIII   *Ermitaño: me tomo mi tiempo.*
X   *Rueda de la Fortuna: sí, transacción rápida.*
XI   *Fuerza: muy rápidamente.*
XII   *Colgado: por el momento me siento en un punto muerto.*
XIII   *Arcano sin nombre: quiero que la situación se mueva en esa dirección.*
XIIII   *Templanza: sí, pero dentro de un tiempo.*
XV   *Diablo: sí, transacción fructuosa.*
XVI   *Casa de Dios: no es el momento.*
XVII   *Estrella: transacción fácil.*
XVIII   *Luna: negocio complicado.*
XVIIII   *Sol: negocio lucrativo.*
XX   *Juicio: transacción bien llevada.*
XXI   *Mundo: muy buen negocio.*
0   *Loco: transacción rápida.*

Hijos

No olvidemos a nuestras queridas cabecitas rubias o morenas, nuestros hijos. Siempre nos hacemos muchas preguntas sobre ellos y, a menudo, ellos mismos esperan una respuesta de nuestra parte.

Los temas que suelen preocuparnos son:

— si aprobarán los exámenes (respuesta al desenlace positivo/respuesta al desenlace negativo),
— si pasarán de curso,
— si lograrán el carné de conducir.

Como es lógico, hay muchos más temas, pero estos son lo que más se repiten.

¡A sus cartas!

1) Ejemplo para hijos
¿Aprobará mi hijo Sebastián
los exámenes de fin de curso?

Como siempre, tome las cartas, baraje y corte al tiempo que se concentra en la pregunta formulada.

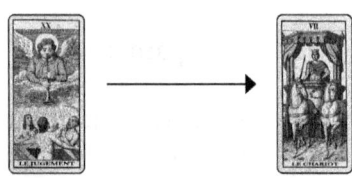

Al cortar se obtiene: Juicio y Carro; hay muchas posibilidades de que Sebastián apruebe.

Continuamos con la tirada:

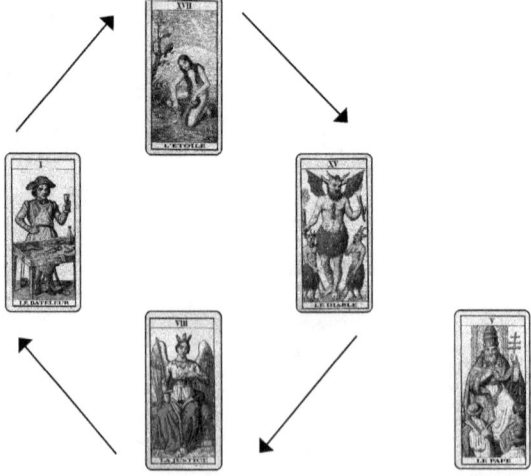

1.ᵉʳ arcano a la izquierda: Mago (I)
2.º arcano arriba: Estrella (XVII)
3.ᵉʳ arcano a la derecha: Diablo (XV)
4.º arcano abajo: Justicia (VIII)
5.º arcano, resultante del total de las cuatro cartas anteriores: 41; 4 + 1 = 5: Sumo Sacerdote (V)

Conclusión
Sebastián espera con impaciencia el resultado de sus exámenes; aunque confía en sí mismo, está preocupado. Sin embargo, se vislumbra un éxito seguro.

Explicación
Mago: Sebastián espera noticias.
Estrella: tiene confianza.
Diablo: teme, sin embargo, el fracaso.
Justicia: logra el éxito.
Sumo Sacerdote: este lo llevará a un cierto equilibrio en sus estudios posteriores.

El corte coincide con la tirada.

2) Ejemplo para hijos

La misma pregunta, con una respuesta de signo contrario.
¿Aprobará mi hijo Sebastián los exámenes de fin de curso?

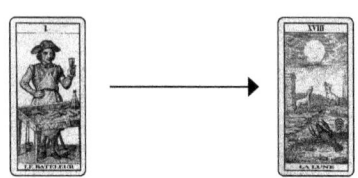

Al cortar obtiene: Mago y Luna; Sebastián espera angustiado los resultados de los exámenes, pero no tiene mucha confianza.

Continuamos con la tirada:

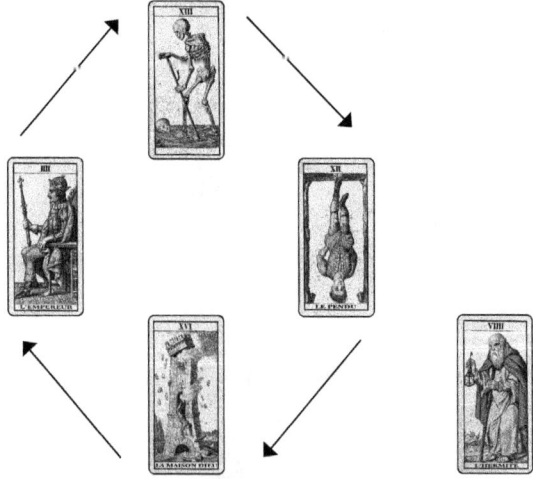

1.er arcano a la izquierda: Emperador (IIII)
2.º arcano arriba: Arcano sin nombre (XIII)
3.er arcano a la derecha: Colgado (XII)
4.º arcano abajo: Casa de Dios (XVI)
5.º arcano, resultante del total de las cuatro cartas anteriores: 45; 4 + 5 = 9: Ermitaño (VIIII)

Conclusión
Sebastián espera los resultados, pero es casi seguro que no ha aprobado. En algunos temas se ha quedado bloqueado. Las noticias dan la razón a las cartas: ha suspendido.

Explicación
Emperador: Sebastián espera.
 Arcano sin nombre: pero no las tiene todas consigo.
 Colgado: cree haber suspendido varias asignaturas.
 Casa de Dios: hay un fracaso.
 Ermitaño: tristeza de Sebastián.

El corte coincide con la tirada.

3) Ejemplo para hijos

La misma pregunta, con una respuesta de signo contrario.
¿Aprobará mi hijo Luis los exámenes de fin de curso?

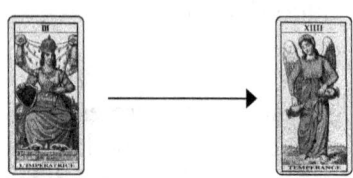

Al cortar obtiene: Emperatriz y Templanza; esto implica una espera impaciente de los resultados.

Continuamos con la tirada:

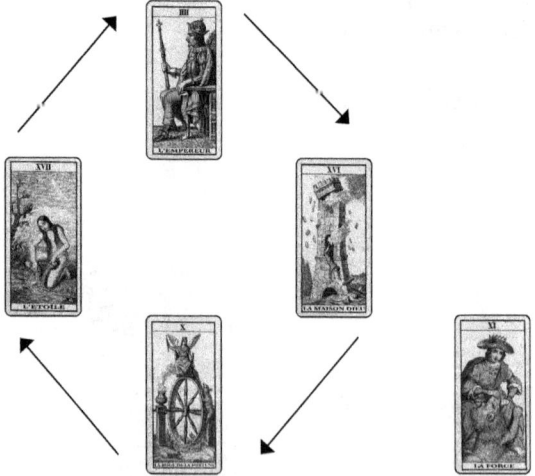

1.er arcano a la izquierda: Estrella (XVII)
2.º arcano arriba: Emperador (IIII)
3.er arcano a la derecha: Casa de Dios (XVI)

4.º arcano abajo: Rueda de la Fortuna (X)
5.º arcano, resultante del total de las cuatro cartas anteriores: 47; 4 + 7 = 11: Fuerza (XI)

Conclusión
Luis espera con serenidad los resultados; sin embargo, estos no son los esperados, lo que puede llevar a un cambio de orientación.

Explicación
Estrella: espera de los resultados.
    Emperador: con serenidad.
    Casa de Dios: los resultados están lejos de ser excelentes.
    Rueda de la Fortuna: Luis puede querer cambiar de orientación.
    Fuerza: al parecer, con razón.

Como vemos, la tirada profundiza en la primera interpretación, la del corte.

4) Ejemplo para hijos

La misma pregunta, con una respuesta de signo contrario.
¿Pasará de curso mi hija Carolina?

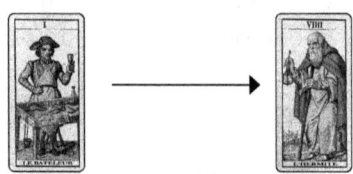

Al cortar obtiene: Mago y Ermitaño; hay que tener paciencia, les darán los resultados al final del curso.

Continuamos con la tirada:

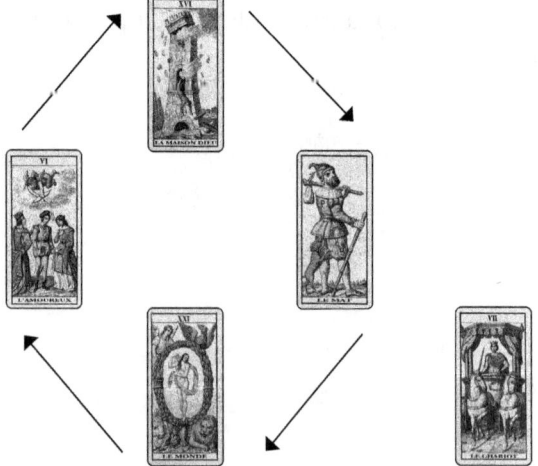

1.er arcano a la izquierda: Enamorado (VI)
2.º arcano arriba: Casa de Dios (XVI)
3.er arcano a la derecha: Loco (0)

4.º arcano abajo: Mundo (XXI)
5.º arcano, resultante del total de las cuatro cartas anteriores: 43; 4 + 3 = 7: Carro (VII)

Conclusión
Carolina espera con impaciencia pasar de curso, pero no está muy segura de sí misma. Sin embargo, tiene muchas posibilidades de triunfar.

Explicación
Enamorado: Carolina está a la espera de saber si pasará de curso o no.
Casa de Dios: duda de sus resultados.
Loco: sin embargo, pasa de curso.
Mundo: sin problemas.
Carro: supone una confirmación de su éxito.

En este caso concreto, es importante seguir tras el corte.

5) Ejemplo para hijos

La misma pregunta, con una respuesta de signo contrario.
¿Pasará de curso mi hija Carolina?

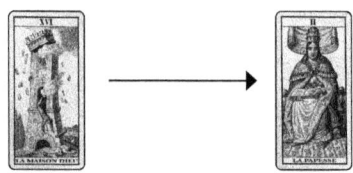

Al cortar obtiene: Casa de Dios y Sacerdotisa; hay pocas posibilidades.

Continuamos con la tirada:

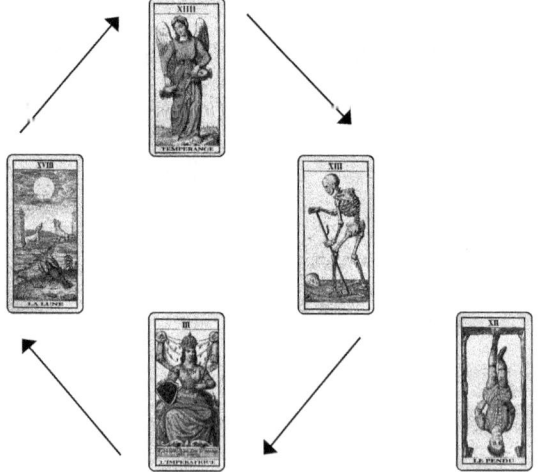

1.er arcano a la izquierda: Luna (XVIII)
2.º arcano arriba: Templanza (XIIII)
3.er arcano a la derecha: Arcano sin nombre (XIII)

4.º arcano abajo: Emperatriz (III)
5.º arcano, resultante del total de las cuatro cartas anteriores: 48; 4 + 8 = 12: Colgado (XII)

Conclusión
Hay dudas sobre si pasará al siguiente curso. Debe esperarse. Sin embargo, las dudas se confirman con la llegada del correo y de una mala noticia: Carolina ha suspendido, debe repetir.

Explicación
Luna: dudamos del resultado.
   Templanza: esperamos.
   Arcano sin nombre: la respuesta es negativa.
   Emperatriz: recibimos la noticia por correo.
   Colgado: repetición para Carolina.

La tirada coincide con el corte.

6) Ejemplo para hijos
¿Aprobará mi hija Carolina?

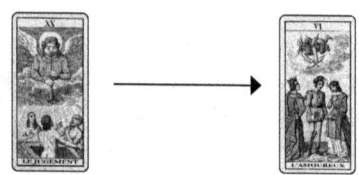

Al cortar se obtiene: Juicio y Enamorado; si bien Carolina debería conseguirlo, subsisten las dudas.

Continuamos con la tirada:

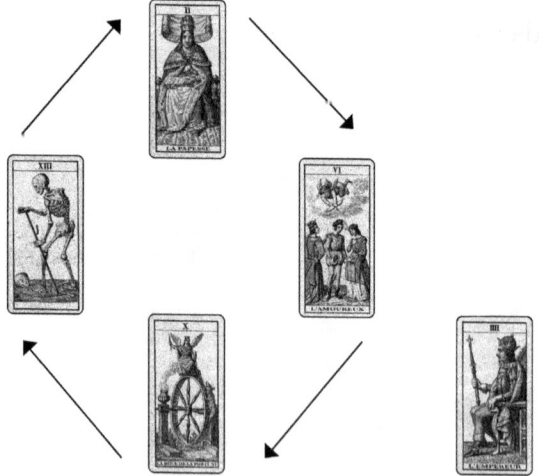

1.er arcano a la izquierda: Arcano sin nombre (XIII)
2.º arcano arriba: Sacerdotisa (II)
3.er arcano a la derecha: Enamorado (VI)

4.º arcano abajo: Rueda de la Fortuna (X)
5.º arcano, resultante del total de las cuatro cartas anteriores: 31; 3 + 1 = 4: Emperador (IIII)

Conclusión
No tenemos seguridad sobre el resultado. Esperamos y consideramos la idea de que repita; sin embargo, al final del camino está el éxito.

Explicación
Arcano sin nombre: Carolina no está muy tranquila y no sabe qué esperar.
Sacerdotisa: espera.
Enamorado: ya tenemos los resultados.
Rueda de la Fortuna: son favorables.
Emperador: éxito en el examen.

La tirada coincide con el corte.

7) Ejemplo para hijos
Martina va a hacer el examen de conducir; ¿aprobará?

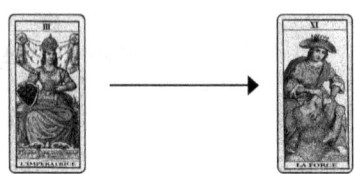

Al cortar obtiene: Emperatriz y Fuerza; la respuesta es positiva según el corte.

Continuamos con la tirada:

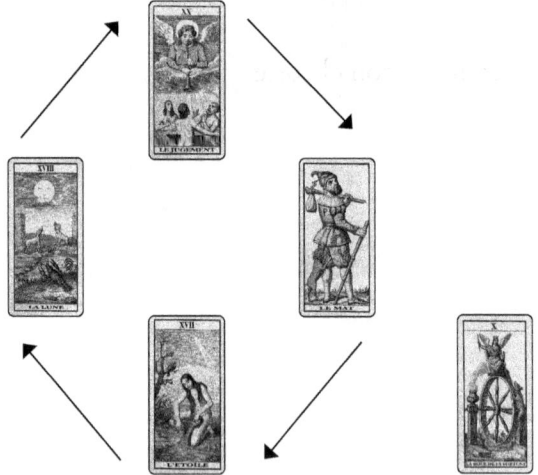

1.er arcano a la izquierda: Luna (XVIII)
2.º arcano arriba: Juicio (XX)
3.er arcano a la derecha: Loco (0)

4.º arcano abajo: Estrella (XVII)
5.º arcano, resultante del total de las cuatro cartas anteriores: 55; 5 + 5 = 10: Rueda de la Fortuna (X)

Conclusión
Martina está angustiada, aunque no tiene motivos para estarlo porque aprobará fácilmente y, con ello, franquea una etapa muy importante de su vida.

Explicación
Luna: Martina duda de sí misma.
   Juicio: sin embargo, podría ahorrárselo.
   Loco: las dudas continuarán hasta el final.
   Estrella: consigue el carné de conducir.
   Rueda de la Fortuna: esto provoca un cambio en su vida.

El corte coincide con la tirada.

8) Ejemplo para hijos

La misma pregunta, con una respuesta de signo contrario. *Martina va a hacer el examen de conducir; ¿aprobará?*

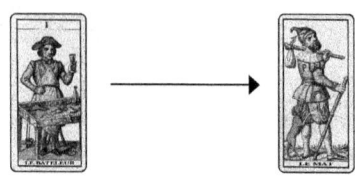

Al cortar obtiene: Mago y Loco; sueña con conseguirlo, pero existe una gran incertidumbre.

Continuamos con la tirada:

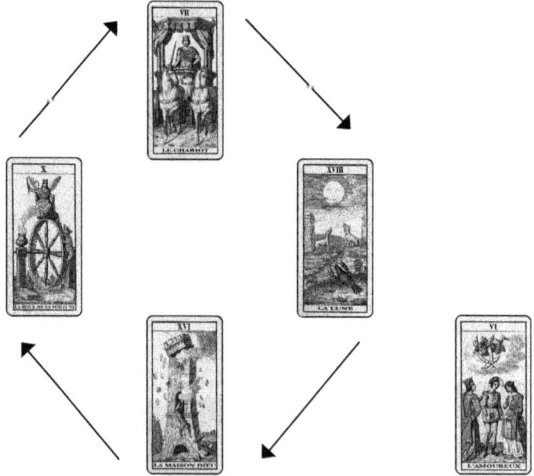

1.er arcano a la izquierda: Rueda de la Fortuna (X)
2.º arcano arriba: Carro (VII)
3.er arcano a la derecha: Luna (XVIII)

4.º arcano abajo: Casa de Dios (XVI)
5.º arcano, resultante del total de las cuatro cartas anteriores: 51; 5 + 1 = 6: Enamorado (VI)

Conclusión
Nos gustaría que aprobara el examen de conducir, pues ello cambiaría muchas cosas, pero la angustia y la duda le harán, desgraciadamente, suspender este examen. La decepción es enorme.

Explicación
Rueda de la Fortuna: desea ese permiso para evolucionar y cambiar.
    Carro: lo quiere con todas nuestras fuerzas.
    Luna: esto le lleva a una angustia a menudo lógica en este tipo de situación...
    Casa de Dios: de fracaso que desemboca en una...
    Enamorado: ligera depresión.

El corte coincide con la tirada.

Pregunta sobre los exámenes de los hijos: respuestas según el 5.º arcano resultante

I   Mago: *estamos a la espera de noticias.*
II Sacerdotisa: *hay grandes posibilidades de éxito.*
III Emperatriz: *sí, hay éxito.*
IIII Emperador: *sí, sin problema.*
V   Sumo Sacerdote: *sí, sin problema.*
VI Enamorado: *sí, pero a pesar de todo sentimos miedo.*
VII Carro: *sí, culmina exitosamente.*
VIII Justicia: *sí, y sin problema.*
VIIII Ermitaño: *estamos a la espera de los resultados.*
X   Rueda de la Fortuna: *sí, y ello debería cambiar muchas cosas.*
XI Fuerza: *sí, y muy bien.*
XII Colgado: *no por el momento, sin duda habrá que volver a empezar.*
XIII Arcano sin nombre: *no, tendrá que volver a intentarlo el año próximo..*
XIIII Templanza: *sí, pero más adelante habrá que repasar una asignatura.*
XV Diablo: *sentimos ansiedad ante la inminencia de los resultados.*
XVI Casa de Dios: *no, hemos suspendido el examen.*
XVII Estrella: *sí, muy bien.*
XVIII Luna: *sí, pero dudamos de nosotros mismos, por lo que debemos tener más confianza.*
XVIIII Sol: *sí, sin problema.*
XX Juicio: *sí, y los resultados son buenos.*
XXI Mundo: *sí, muy positivo.*
0   Loco: *hemos aprobado y queremos seguir estudiando.*

Amor

Vamos ahora a abordar un tema candente, el aspecto sentimental, con todo lo que implica (matrimonio, divorcio, encuentro, ruptura, inicio de una historia...).

Cuando tocamos este tema, es importante tener en cuenta la sensibilidad del consultante. Para ello, le voy a explicar mediante la astrología el comportamiento emocional de cada signo del zodiaco. Hay una manera de decir las cosas, por lo menos de anunciarlas.

No tardará en advertir que hay personas cuya sensibilidad está a flor de piel, mientras que otras dan la impresión de ser más indiferentes, aunque también les cueste escuchar la verdad y, por último, quienes son más insensibles. Cada vez que vaya a echar las cartas para un tema afectivo, pregúntele al consultante cuál es su signo del zodiaco.

Temas tratados:

— ¿Voy a conocer a alguien?
— ¿Me voy a casar?
— ¿Me voy a ir a vivir con mi novio/a?
— ¿Me voy a divorciar?
— ¿Me voy a separar?
— ¿Durará mi relación?

A una pregunta clara, una respuesta clara. Dicho de otra forma: en vez de insistir, no dude en volver a formular la pregunta dentro de unos días o de unos meses.

¡A las cartas!

Sensibilidad y emotividad según los signos del zodiaco

Cuando usted lleva a cabo una consulta, debe tener en cuenta las emociones y la sensibilidad de la persona que se halla delante de usted. Los signos del zodiaco le proporcionarán información sobre estos aspectos.

Según su signo, los sujetos reaccionarán de forma diferente a lo que vamos a decirle y a nuestra forma de hacerlo; por esto, es importante delimitar a las personas y conocer las características de su signo zodiacal antes de la consulta.

Aries

Piense que Aries es el primer signo del zodiaco y es, en cierta forma, el bebé de este. Nace con la primavera y se parece a esta en la actitud, ya que es muy jovial, le gusta la novedad y es impulsivo. Ama o no ama, puede ilusionarse rápidamente, pero también cansarse muy deprisa. Es sensible, aunque no suele dar muestras de ello. Atractivo e infantil, prefiere pasar a otra aventura si no le conviene la que tiene en este momento. Por el contrario, puede ser fiel y protector cuando ama profundamente, y mimar a su entorno con generosidad. Fuego/Marte.

Tauro

También se trata de un signo de primavera, aunque algo más cabal que Aries. En general, es más posesivo, tenaz, tierno, sentimental, previsor y amable. Al contrario de Aries, que no calcula, a menudo existe en los Tauro una asociación del amor con el dinero y, a veces, llegan incluso a confundirlos. A pesar de todo, cuando ama, es de lágrima fácil, sensible y emotivo. Cuando el amor deja de existir, la cartera no suele estar muy lejos del corazón y lo hace notar. Tierra/Venus.

Géminis

Primer signo de aire y último de primavera, en el zodiaco representa la adolescencia: le gusta el flirteo, el mariposeo y le agrada seducir, pero no siempre pasa a la acción. Sensible y emotivo en el momento, se olvida muy deprisa, intelectualiza el amor y, a menudo, lo sueña, pero no se ata de verdad. Representa el aire, y otros muchos centros de interés. Aire/Mercurio.

Cáncer

Signo de agua, experimenta las cosas, y es intuitivo, sensible y emotivo; llora con facilidad y, a veces, es introvertido. Si se siente incomprendido, se encierra en sí mismo; a pesar de todo, no es rencoroso, pero cuando su sensibilidad se ve afectada, se puede negar a comunicarse con su entorno más próximo. En una consulta de tarot, hay que tratarlo con mucha delicadeza, ya que algunas palabras pueden afectarle mucho. Ante todo, es muy sensible y emotivo. Agua/Luna.

Leo

Imagine un león en la jungla con su hembra, muy protector y rebosante de alegría, sensible pero sin exteriorizarlo. Le gusta sobre todo que le digan que es muy querido, y hay que demostrárselo. Es generoso, pero le gusta tomar decisiones que afectan a toda la familia. También es autoritario, pero ama desprendidamente. Signo de fuego, la pasión está siempre a punto de desbordarse, como Aries. Demuestra su amor mediante detalles y regalos. Es sensible, pero demasiado orgulloso para mostrarlo y le gusta dominar. Fuego/Sol.

Virgo

Regido como Géminis por el planeta Mercurio, tiende a intelectualizar el amor; es un poco frío en sus sentimientos, y suele analizar a su pareja para encontrarle algún fallo. Signo de Tierra, el segundo en el zodiaco, antes de entregar su corazón predominan la lucidez y el análisis. En cambio, una vez decidido, da su amor sin reservas ni segundas intenciones; por contra, al igual que Tauro, no olvida lo que le han hecho o dicho. Menos afectuoso que este, tiene otros muchos centros de interés al igual que Géminis. Muestra una sensibilidad oculta e introversión: no sabe decir «te quiero», ni expresarlo. Atención, en una consulta de tarot, jamás olvida lo que se le dice: es un signo muy inteligente. Tierra/Mercurio.

Libra

En general es muy sensible, emotivo y de lágrima fácil; la estética y la apariencia son primordiales. El Libra es venusiano y representa el elemento femenino. Suelen ser personas hermosas y, a veces, le dan demasiada importancia al atuendo. Sin embargo, es muy emotivo y sentimental, y le gusta verse protegido en el amor. Sus sentimientos son frágiles, por lo que hay que procurar no traumatizarlo en la consulta del tarot, pues por su sensibilidad podría tener incluso problemas de salud. Aire/Venus.

Escorpio

Tiene una mente más complicada: le gusta la dificultad, y todo lo que resulta fácil no le interesa. Cuando algo es demasiado sencillo, se las arregla para complicar la situación. Posesivo, celoso y autoritario, le gusta dominar. Muy sensual, sexual y apasionado, puede ser sensible pero no lo exterioriza en absoluto. Escorpión es un signo de agua, el segundo del zodiaco. Agua/Plutón.

Sagitario

Signo de fuego, el tercero en el zodiaco, más sabio que los dos primeros y con una cierta filosofía de la vida. En el terreno afectivo, Sagitario ama lo que se le escapa, un poco como Géminis, que constituye un signo opuesto a él, incluso en el zodiaco. Todo lo que está conseguido de antemano no le conviene; al contrario, siempre debe recibir la impresión de que no se le pertenece. Sensual, jugador y fantasioso en el amor, no le gusta lo convencional. Es fiel a su familia, lo que no impide que de vez en cuando se salte el contrato matrimonial; por el contrario, no suele divorciarse para no dañar a su entorno. Fuego/Júpiter.

Capricornio

Regido por Saturno, es muy reservado en el terreno sentimental y posee una gran lucidez. Cuando un Capricornio se enamora, le dura mucho tiempo. Es poco expresivo, pero se puede contar con él. Resulta rato que se divorcie, ya que sus afectos duran mucho tiempo; le gustan las pruebas de amor. Su personalidad es ante todo equilibrada, y su punto débil se encuentra en la frialdad y la poca expresividad. Tierra/Saturno.

Acuario

Signo de aire, muy influido por Urano, planeta de la acción, de la libertad. No le gusta sentirse encerrado en una relación, ya que es muy independiente y le horroriza sentirse atado; por ello, huye o encuentra el medio de escaparse a través de otros centros de interés: deporte, trabajo, amigos (no olvidemos que se trata del signo más amistoso del zodiaco). Da la impresión de ser inalcanzable. Aire/Urano.

Piscis

Ante todo neptuniano, es decir, sensible y emotivo, siempre está planteándose interrogantes, incluso cuando no es necesario. Puede provocar una escena violenta con la idea de una posible reconciliación en la cama. Suele dudar de los sentimientos de su pareja, por lo que hay que estar demostrándole constantemente el afecto y no olvidarse de los pequeños detalles, los aniversarios, etc. Aparte de esto, hay que tener en cuenta que el Piscis no olvida. Agua/Neptuno.

AFINIDADES	
Agua/Tierra: muy bien	Fuego/Tierra: medio
Agua/Aire: medio	Aire/Aire: bueno
Aire/Fuego: muy bien	Agua/Agua: medio
Fuego/Agua: muy bien	Fuego/Fuego: relación dinámica
Tierra/Tierra: buena relación	

1) Ejemplo para una relación sentimental
¿Voy a conocer a alguien?

Como siempre, tome las cartas del tarot, baraje y corte al tiempo que piensa intensamente en la pregunta.

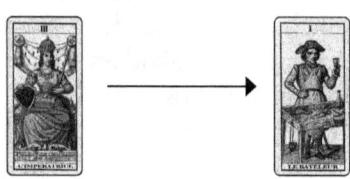

Al cortar obtiene: Emperatriz y Mago; está usted preparado para conocer a alguien nuevo.

Continuamos con la tirada:

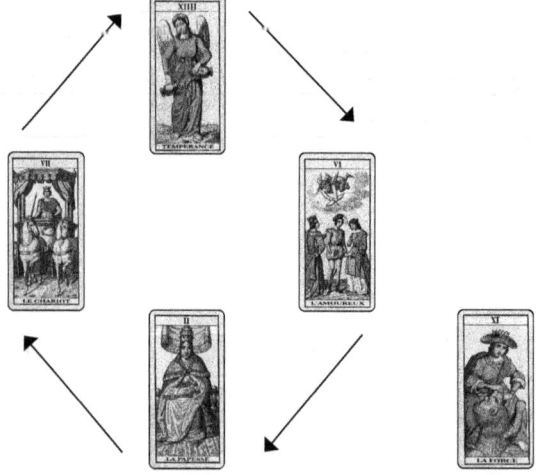

1.er arcano a la izquierda: Carro (VII)
2.º arcano arriba: Templanza (XIIII)
3.er arcano a la derecha: Enamorado (VI)
4.º arcano abajo: Sacerdotisa (II)
5.º arcano, resultante del total de las cuatro cartas anteriores: 29; 2 + 9 = 11: Fuerza (XI)

Conclusión
Sin duda no tardará en conocer a alguien por mediación de un grupo de amigos; sin embargo, tendrá que esperar un poco antes de hacer cualquier tipo de planes con esa persona.

Explicación
Carro: tenemos muchas ganas de conocer a alguien.
 Templanza: esto sucederá próximamente.
 Enamorado: gracias a unos amigos.
 Sacerdotisa: en efecto, es el consultante quien va a conocer a esa persona.
 Fuerza: está escrito.

Comprobará que la tirada coincide con el corte.

2) Ejemplo para una relación sentimental
¿Voy a conocer a alguien?

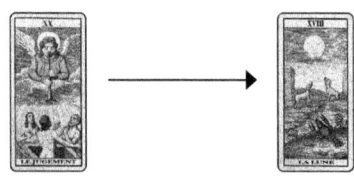

Al cortar obtiene: Juicio y Luna; ese encuentro está escrito, pero no en un futuro próximo.

Continuamos con la tirada:

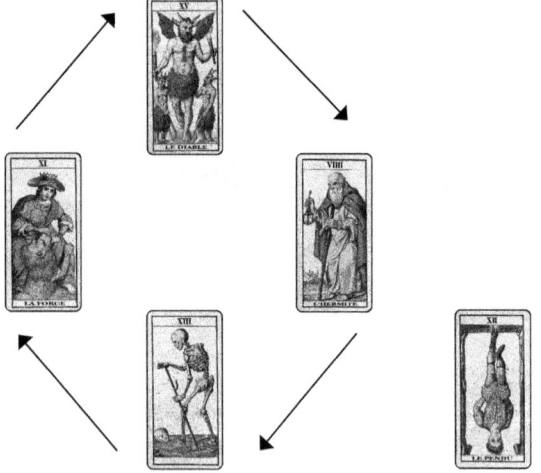

1.er arcano a la izquierda: Fuerza (XI)
2.º arcano arriba: Diablo (XV)
3.er arcano a la derecha: Ermitaño (VIIII)

4.º arcano abajo: Arcano sin nombre (XIII)
5.º arcano, resultante del total de las cuatro cartas anteriores: 48; 4 + 8 = 12: Colgado (XII)

Conclusión
Tenemos ganas de conocer a alguien. Esperamos cambios en nuestra vida cotidiana, pero esta nueva relación tardará en hacerse realidad, por lo que debemos hacer acopio de paciencia.

Explicación
Fuerza: tenemos muchas ganas de conocer a alguien.
 Diablo: estamos sin pareja desde hace tiempo.
 Ermitaño: no lo conoceremos en un futuro próximo.
 Arcano sin nombre: tenemos muchas ganas de cambiar nuestra vida cotidiana.
 Colgado: por el momento, esta pregunta queda en suspenso, y habrá que formularla dentro de unas semanas. De momento, no debe insistir en la pregunta.

Comprobará que la tirada coincide con el corte.

3) Ejemplo para una relación sentimental
¿Voy a conocer a alguien?

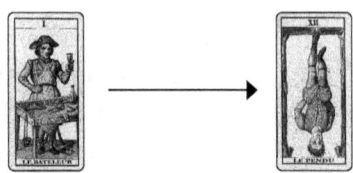

Al cortar obtiene: Mago y Colgado; tenemos muchas ganas de conocer a alguien en seguida, pero en estos momentos es imposible.

Continuamos con la tirada:

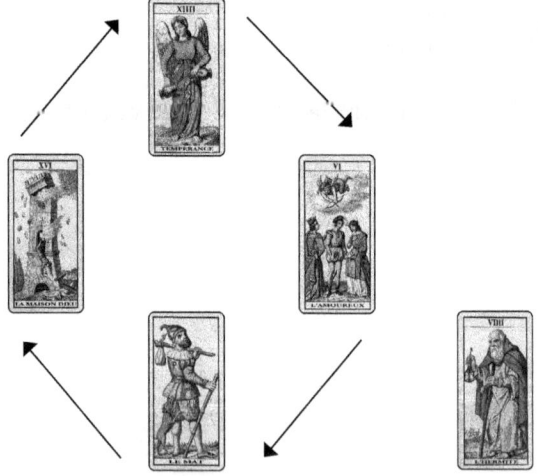

1.er arcano a la izquierda: Casa de Dios (XVI)
2.º arcano arriba: Templanza (XIIII)
3.er arcano a la derecha: Enamorado (VI)

4.º arcano abajo: Loco (0)
5.º arcano, resultante del total de las cuatro cartas anteriores: 36; 3 + 6 = 9: Ermitaño (VIIII)

Conclusión
En estos momentos parece difícil encontrar a alguien: hay que esperar un poco más. En efecto, sería posible que incluso pudiera escoger entre varias personas y que al final se quedara solo.

Explicación
Casa de Dios: dificultad.
 Templanza: por el momento hay que tener paciencia.
 Enamorado: posibilidad de elegir entre varias personas, dificultad a la hora de escoger.
 Loco: es posible que así se llegue a una mala opción.
 Ermitaño: y entonces se quede solo.

El corte coincide con la tirada: ahora no es el momento adecuado.

4) Ejemplo para una relación sentimental
¿Durará mi relación actual?

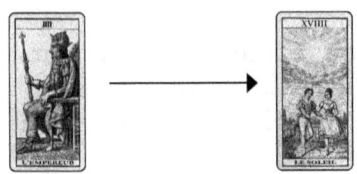

Al cortar obtiene: Emperador y Sol; la respuesta es afirmativa, e incluso la relación debería ir a mejor.

Continuamos con la tirada:

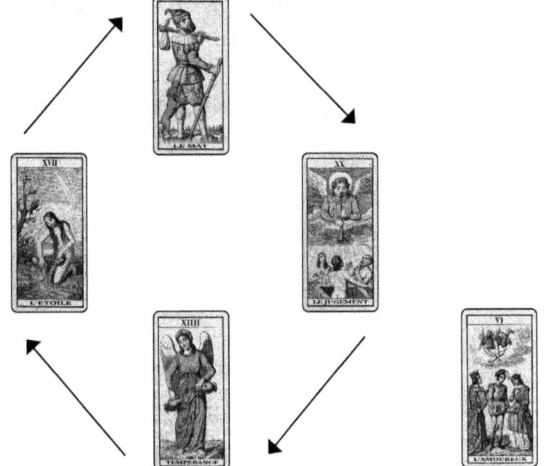

1.er arcano a la izquierda: Estrella (XVII)
2.º arcano arriba: Loco (0)
3.er arcano a la derecha: Juicio (XX)

4.º arcano abajo: Templanza (XIIII)
5.º arcano, resultante del total de las cuatro cartas anteriores: 51; 5 + 1 = 6: Enamorado (VI)

Conclusión
Actualmente nuestra relación de pareja va bien, pero, por otra parte, debería ir mejor. Esta situación es muy positiva para usted, y es normal que a veces nos asalten algunas inquietudes.

Explicación
Estrella: este aspecto de su vida va muy bien en estos momentos actuales.
  Loco: esto podría cambiar.
  Juicio: pero podría hacerlo a mucho mejor.
  Templanza: a lo largo del tiempo.
  Enamorado: es normal que nos hagamos esta pregunta.

La conclusión coincide con el corte.

5) Ejemplo para una relación sentimental
¿Voy a casarme?

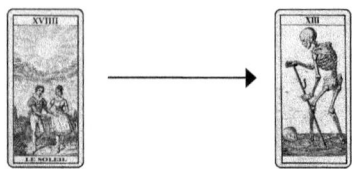

Al cortar obtiene: Sol y Arcano sin nombre; en efecto hay voluntad de matrimonio, y este saldría bien.

Continuamos con la tirada:

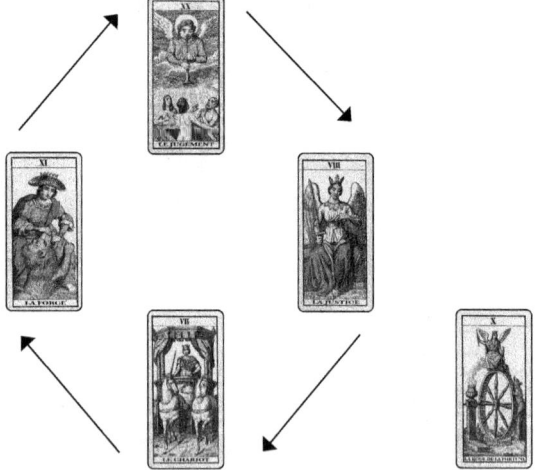

1.er arcano a la izquierda: Fuerza (XI)
2.º arcano arriba: Juicio (XX)
3.er arcano a la derecha: Justicia (VIII)

4.º arcano abajo: Carro (VII)
5.º arcano, resultante del total de las cuatro cartas anteriores: 46; 4 + 6 = 10: Rueda de la Fortuna (X)

Conclusión
Tiene pensado casarse con su novio/a. Es una buena idea, pues esta decisión acarreará cambios muy agradables y le aportará un nuevo equilibrio.

Explicación
Fuerza: quiere usted casarse, es una decisión muy madurada.
   Juicio: está escrito.
   Justicia: ello le proporcionará un gran equilibrio.
   Carro: además de éxito en la pareja.
   Rueda de la Fortuna: cambio positivo en su vida.

Puede comprobar que el corte coincide con la tirada.

6) Ejemplo para una relación sentimental
¿Voy a casarme con mi pareja?

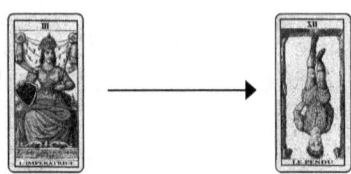

Al cortar obtiene: Emperatriz y Colgado; en estos momentos tiene ganas de cambiar, de hacer proyectos de unión, pero la situación está bloqueada.

Continuamos con la tirada:

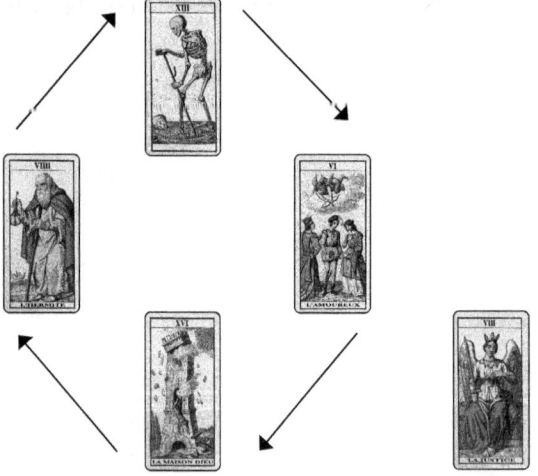

1.er arcano a la izquierda: Ermitaño (VIIII)
2.º arcano arriba: Arcano sin nombre (XIII)
3.er arcano a la derecha: Enamorado (VI)

4.º arcano abajo: Casa de Dios (XVI)
5.º arcano, resultante del total de las cuatro cartas anteriores: 44; 4 + 4 = 8: Justicia (VIII)

Conclusión
Se siente usted solo/a y le gustaría que la situación cambiara, pero por el momento vacila y tiene miedo de que, al tomar la decisión, pierda un equilibrio que le ha costado tantos años obtener.

Explicación
Ermitaño: se siente solo.
 Arcano sin nombre: desea un cambio.
 Enamorado: le asaltan las dudas.
 Casa de Dios: tiene miedo de que altere su vida cotidiana.
 Justicia: por el momento prefiere usted su equilibrio y su independencia.

El corte coincide con la tirada.

7) Ejemplo para una relación sentimental
¿Voy a irme a vivir con mi pareja?

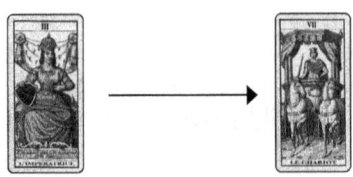

Al cortar obtiene: Emperatriz y Carro; tiene usted muchas ganas de irse a vivir con su pareja, lo que debería producirse en un plazo muy breve de tiempo.

Continuamos con la tirada:

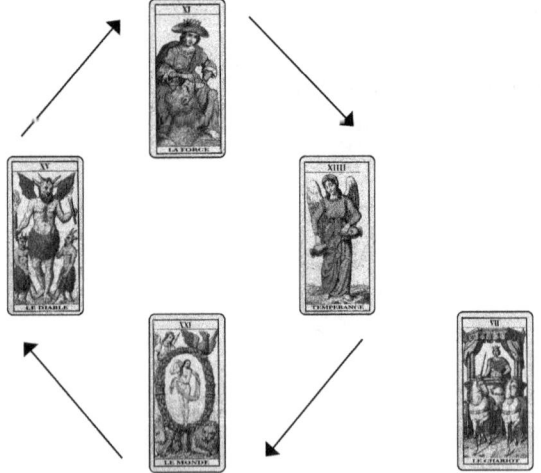

1.er arcano a la izquierda: Diablo (XV)
2.º arcano arriba: Fuerza (XI)
3.er arcano a la derecha: Templanza (XIIII)

4.º arcano abajo: Mundo (XXI)
5.º arcano, resultante del total de las cuatro cartas anteriores: 61; 6 + 1 = 7: Carro (VII)

Conclusión
Tiene muchísimas ganas de irse a vivir con su pareja, pero se da tiempo antes de decidir algo tan importante. La respuesta es sí: se irá a vivir con su pareja y esta nueva situación le aportará muchas satisfacciones.

Explicación
Diablo: tiene ganas de instalarse con su pareja.
  Fuerza: las ganas son muy intensas.
  Templanza: debe dejar tiempo al tiempo.
  Mundo: mucha satisfacción.
  Carro: éxito en la pareja.

Advertirá que el corte coincide con la tirada.

8) Ejemplo para una relación sentimental
¿Voy a irme a vivir con mi pareja?

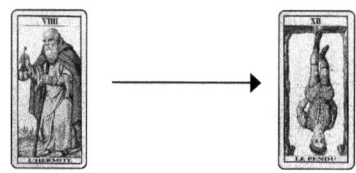

Al cortar obtiene: Ermitaño y Colgado; esta idea es, por el momento, irrealizable.

Continuamos con la tirada:

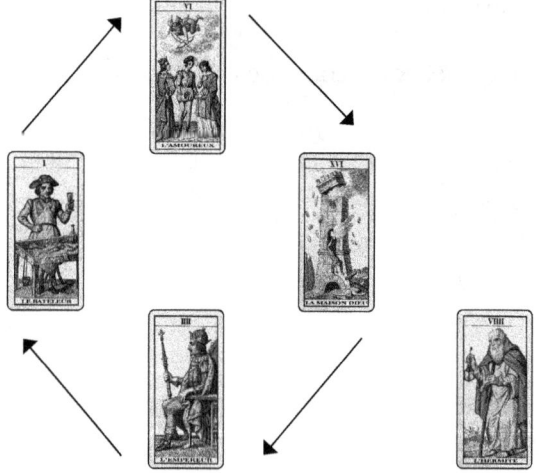

1.er arcano a la izquierda: Mago (I)
2.º arcano arriba: Enamorado (VI)
3.er arcano a la derecha: Casa de Dios (XVI)

4.º arcano abajo: Emperador (IIII)
5.º arcano, resultante del total de las cuatro cartas anteriores: 27; 2 + 7 = 9: Ermitaño (VIIII)

Conclusión
En estos momentos le gustaría que la situación cambiara, pero titubea tanto, por temor a equivocarse, que al final se queda solo/a.

Explicación
Mago: quiere que la situación cambie.
   Enamorado: titubea.
   Casa de Dios: lo hace por miedo a equivocarse...
   Emperador: en su elección.
   Ermitaño: finalmente opta por la soledad.

El corte coincide con la tirada.

9) Ejemplo para una relación sentimental
¿Me voy a divorciar?

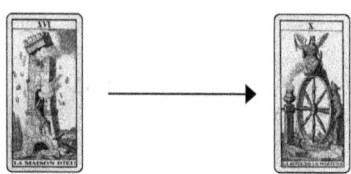

Al cortar obtiene: Casa de Dios y Rueda de la Fortuna; en efecto nos dirigimos hacia una transformación en lo que se refiere a nuestra pareja.

Continuamos con la tirada:

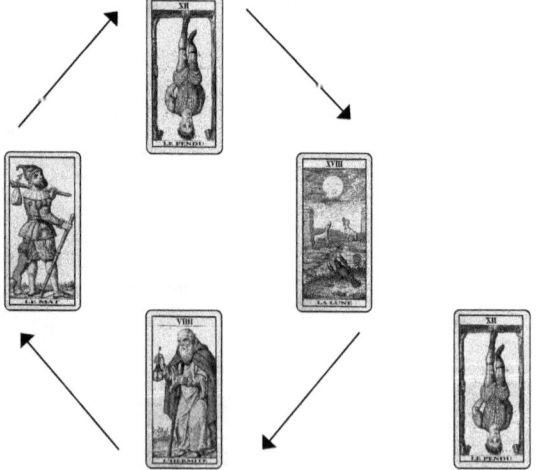

1.er arcano a la izquierda: Loco (0)
2.º arcano arriba: Colgado (XII)
3.er arcano a la derecha: Luna (XVIII)

4.º arcano abajo: Ermitaño (VIIII)
5.º arcano, resultante del total de las cuatro cartas anteriores: 39; 3 + 9 = 12: Colgado (XII)

Conclusión
Hoy por hoy estamos en un callejón sin salida. No confiamos mucho en el futuro y tampoco sabemos qué decisión tomar. Nos sentimos solos y finalmente optamos por la separación.

Explicación
Loco: no sabemos adónde vamos.
Colgado: vacilamos...
Luna: en cuanto a la decisión que debemos tomar con respecto a nuestra pareja.
Ermitaño: soledad, depresión.
Colgado: en esta situación, la única solución a la vista es la separación.

El corte coincide una vez más con la tirada.

10) Ejemplo para una relación sentimental
¿Me voy a divorciar?

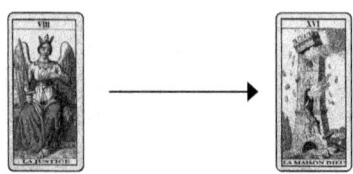

Al cortar obtiene: Justicia y Casa de Dios. Ha tomado usted una decisión: va a divorciarse y sus problemas se solventarán ante la justicia.

Continuamos con la tirada:

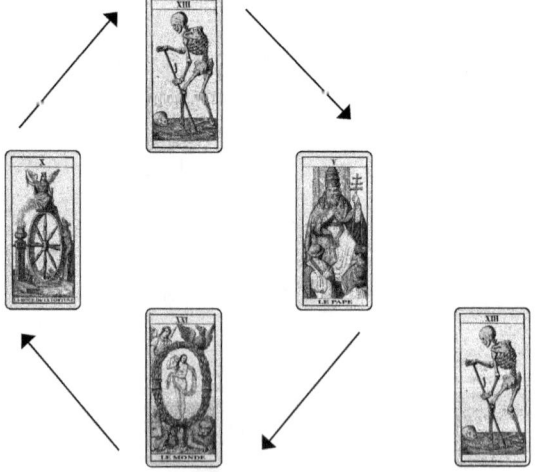

1.er arcano a la izquierda: Rueda de la Fortuna (X)
2.º arcano arriba: Arcano sin nombre (XIII)
3.er arcano a la derecha: Sumo Sacerdote (V)

4.º arcano abajo: Mundo (XXI)
5.º arcano, resultante del total de las cuatro cartas anteriores: 49; 4 + 9 = 13: Arcano sin nombre (XIII)

Conclusión
Va usted hacia un cambio en su vida, una transformación hacia algo mejor. Esta separación es saludable.

Explicación
Rueda de la Fortuna: se dirige usted hacia un cambio.
Arcano sin nombre: una transformación en el terreno psicológico...
Sumo Sacerdote: para mejor.
Mundo: sobre todo en el seno del hogar.
Arcano sin nombre: de todas formas, la separación se muestra como necesaria.

La tirada coincide con el corte.

11) Ejemplo para una relación sentimental
¿Voy a separarme de mi pareja?

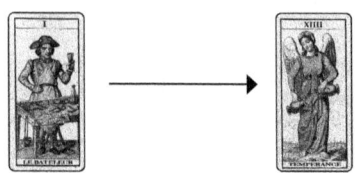

Al cortar obtiene: Mago y Templanza; habrá un cambio dentro de un tiempo.

Continuamos con la tirada:

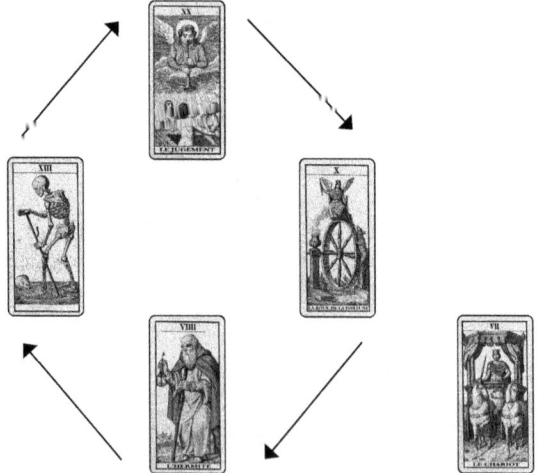

1.er arcano a la izquierda: Arcano sin nombre (XIII)
2.º arcano arriba: Juicio (XX)
3.er arcano a la derecha: Rueda de la Fortuna (X)

4.º arcano abajo: Ermitaño (VIIII)
5.º arcano, resultante del total de las cuatro cartas anteriores: 52; 5 + 2 = 7: Carro (VII)

Conclusión
Se va a producir un cambio, prácticamente inevitable: se quedará solo en beneficio de todos.

Explicación
Arcano sin nombre: mutación.
　Juicio: está escrito.
　Rueda de la Fortuna: cambio inminente.
　Ermitaño: se quedará sin pareja.
　Carro: una elección al final positiva para iniciar otra vida.

Comprobará una vez más que el corte coincide con la tirada.

12) Ejemplo para una relación sentimental
¿Voy a separarme de mi pareja?

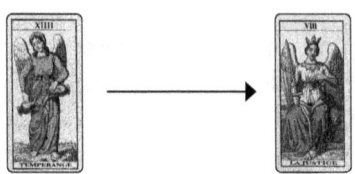

Al cortar obtiene: Templanza y Justicia. Tenemos tiempo antes de tomar una decisión, ya que con este corte podemos esperar una vuelta al equilibrio.

Continuamos con la tirada:

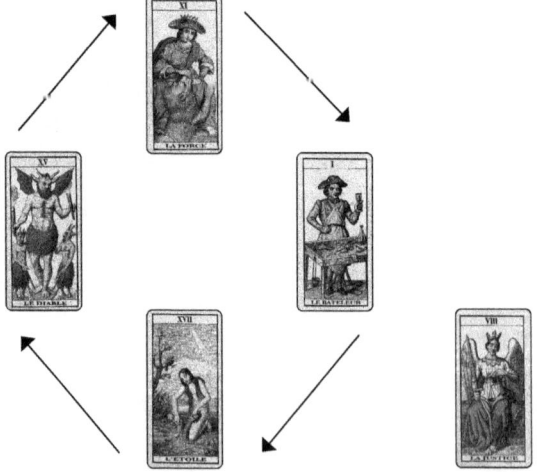

1.er arcano a la izquierda: Diablo (XV)
2.° arcano arriba: Fuerza (XI)
3.er arcano a la derecha: Mago (I)

4.º arcano abajo: Estrella (XVII)
5.º arcano, resultante del total de las cuatro cartas anteriores: 44; 4 + 4 = 8: Justicia (VIII)

Conclusión
En estos momentos estamos pasando un momento difícil, y nos gustaría que esta situación mejorara. Esta crisis pasajera permitirá que recuperemos el equilibrio en la pareja.

Explicación
Diablo: nos planteamos interrogantes sobre nuestra situación de pareja.
Fuerza: por eso deseamos algo mejor...
Mago: y rápidamente.
Estrella: nos sentimos satisfechos.
Justicia: recuperaremos una situación de equilibrio.

El corte coincide con la tirada.

13) Ejemplo para una relación sentimental
¿Durará mi relación actual?

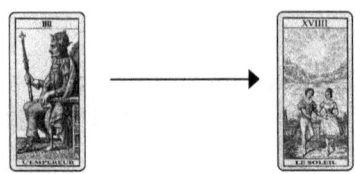

Al cortar obtiene: Emperador y Sol; la respuesta es afirmativa, y las cosas deberían mejorar aún más.

Continuamos con la tirada:

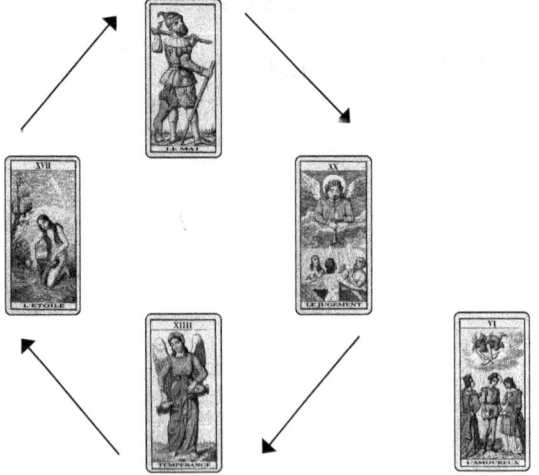

1.er arcano a la izquierda: Estrella (XVII)
2.° arcano arriba: Loco (0)
3.er arcano a la derecha: Juicio (XX)

4.º arcano abajo: Templanza (XIIII)
5.º arcano, resultante del total de las cuatro cartas anteriores: 51; 5 + 1 = 6: Enamorado (VI)

Conclusión
En la actualidad pasa usted días felices junto a su media naranja, y esto debería seguir así, incluso tendría que ir todavía mejor. Esta situación le resulta ideal.

Explicación
Estrella: va muy bien.
   Loco: vivirá un cambio...
   Juicio: que mejorará su situación.
   Templanza: a lo largo del tiempo.
   Enamorado: la situación debería durar.

La conclusión de la tirada coincide con el corte.

14) Ejemplo para una relación sentimental
¿Durará mi relación actual?

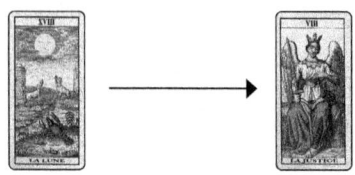

Al cortar obtiene: Luna y Justicia; a veces nos asaltan dudas.

Continuamos con la tirada:

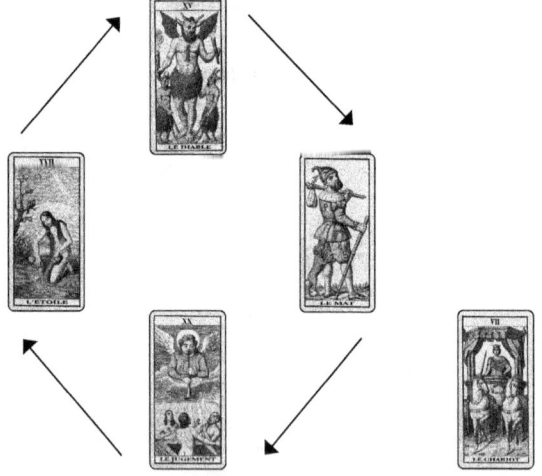

1.er arcano a la izquierda: Estrella (XVII)
2.º arcano arriba: Diablo (XV)
3.er arcano a la derecha: Loco (0)

4.º arcano abajo: Juicio (XX)
5.º arcano, resultante del total de las cuatro cartas anteriores: 52; 5 + 2 = 7: Carro (VII)

Conclusión
Estabilidad en la relación de pareja, si bien existe una cierta incertidumbre, por lo que nos preguntamos si la situación será duradera. Nos gustaría que esta relación evolucionara y sufriera algunos cambios a mejor.

Explicación
Estrella: nos sentimos bien en esta relación.
Diablo: solemos hacernos preguntas.
Loco: nos interrogamos sobre hacia dónde vamos.
Juicio: evolución de la relación.
Carro: para mejor.

El corte coincide con la tirada.

15) Ejemplo para una relación sentimental
¿Durará mi relación actual?

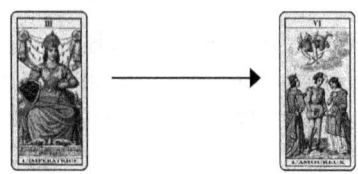

Al cortar obtiene: Emperatriz y Enamorado; tenemos ganas de que las circunstancias se muevan y se transformen.

Continuamos con la tirada:

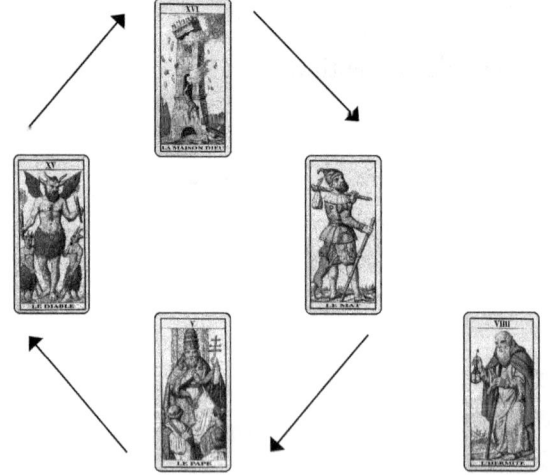

1.er arcano a la izquierda: Diablo (XV)
2.º arcano arriba: Casa de Dios (XVI)
3.er arcano a la derecha: Loco (0)

4.º arcano abajo: Sumo Sacerdote (V)
5.º arcano, resultante del total de las cuatro cartas anteriores: 36; 3 + 6 = 9: Ermitaño (VIIII)

Conclusión
Esta relación no le satisface; usted se siente solo a pesar de su pareja. Quisiera realizar cambios a fin de mejorar esta situación, pero tal vez estos tarden en llegar.

Explicación
Diablo: no se siente usted a gusto en la relación de pareja.
Casa de Dios: en absoluto.
Loco: esta relación está estancada.
Sumo Sacerdote: sin embargo, desea que cambie.
Ermitaño: con el tiempo.

El corte coincide una vez más con la tirada.

Pregunta sobre el divorcio:
Respuestas según el 5.º arcano resultante

I Mago: *espero una noticia.*
II *Sacerdotisa: reflexión.*
III *Emperatriz: tenemos ganas de que se produzca un cambio en la situación.*
IV *Emperador: el cónyuge puede iniciar los trámites de la separación.*
V *Sumo Sacerdote: reflexionamos.*
VI *Enamorado: vacilación.*
VII *Carro: lo más rápidamente posible, pero para mejor.*
VIII *Justicia: iniciamos una acción judicial.*
VIIII *Ermitaño: hace falta tiempo.*
X *Rueda de la Fortuna: decisión rápida.*
XI *Fuerza: refuerza la pregunta.*
XII *Colgado: nos hallamos ante una situación bloqueada.*
XIII *Arcano sin nombre: sí, nos divorciamos.*
XIIII *Templanza: cambio para un futuro próximo.*
XV *Diablo: complicación en la separación.*
XVI *Casa de Dios: damos por finalizada la vida en común.*
XVII *Estrella: todavía puede arreglarse.*
XVIII *Luna: nos hacemos muchas preguntas.*
XVIIII *Sol: reconciliación.*
XX *Juicio: la situación va a mejorar.*
XXI *Mundo: no, no nos divorciamos.*
0 *Loco: tenemos ganas de un cambio en la relación de pareja.*

Lapso de tiempo dado por el tarot de Marsella

 Ahora vamos a hablar del lapso de tiempo en las tiradas.
Es el arcano del Mago el que marca el tiempo. Cuando hacemos una pregunta relativa al lapso de tiempo, muy a menudo aparece la carta del Mago como el elemento principal y detonante que nos indica cuánto tiempo debemos esperar durante los meses siguientes.

Ejemplo: Tengo previsto irme de vacaciones en los próximos meses. La pregunta es: ¿cuándo voy a marcharme?
Iniciamos la tirada con cuatro cartas conforme nos concentramos en la pregunta, y tapamos todos los naipes hasta la aparición de la del Mago, que nos indicará el lapso de tiempo: uno, dos, tres meses, etc.
Podemos prever hasta cinco y seis meses; si el arcano del Mago aparece al final no es el momento de marcharse y habrá que formular de nuevo la pregunta más adelante. No obstante, si la carta del Mago aparece al cortar, significa que el viaje está muy próximo, dentro de los próximos días.
Sin embargo, debe formular bien su pregunta sobre el lapso de tiempo. Es decir: ¿dentro de cuántos días, meses, años…? Así conseguirá la respuesta, por mediación del Mago.

Ejemplo práctico: ¿Dentro de cuántos meses me iré de vacaciones?

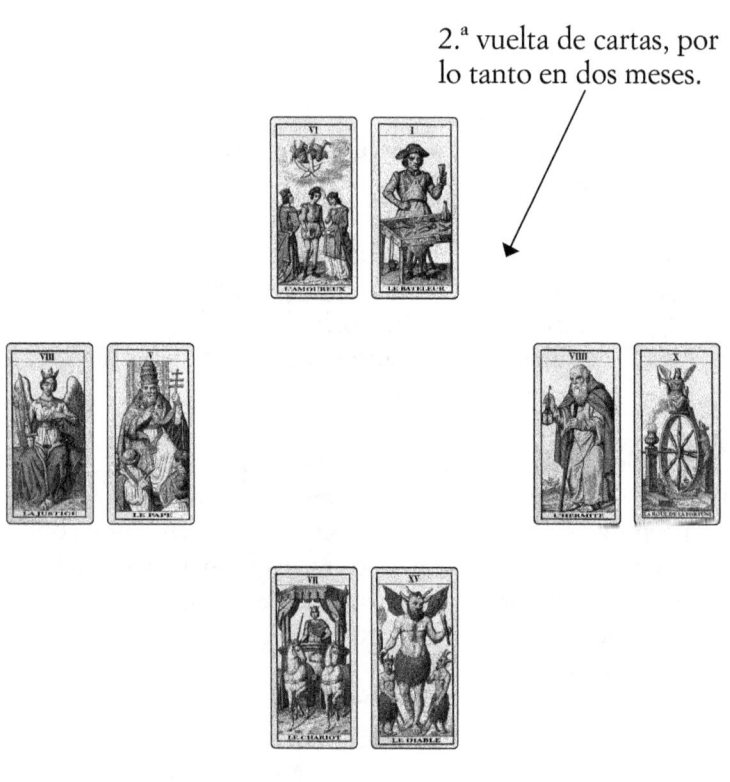

2.ª vuelta de cartas, por lo tanto en dos meses.

N.B. *No interprete el tarot todavía. Espere al Mago, que contestará a su pregunta.*

Otro ejemplo práctico: ¿Dentro de cuántos días me van a dar los resultados de los exámenes? Hacemos una tirada de cuatro cartas y, a fin de conocer el número de días, esperamos a que salga el Mago.

   3.ª vuelta de carta, es decir, tres días.

En ese caso, tendremos la respuesta en cuestión dentro de tres días.

N.B. *No interprete nunca los arcanos cuando pida un lapso de tiempo; por el contrario, debe esperar al Mago, que es el único que dará respuesta a su pregunta.*

Explicación de los arcanos difíciles en el tarot de Marsella

El Mago: arcano I

Un hombre situado detrás de su banco de trabajo con una varita en la mano izquierda, que sirve de vector de información entre el cielo y la tierra. Por otra parte, parece que su mirada está al acecho, atraída por otra cosa. El Mago representa la comunicación y la información. Y se viste con los tres colores fundamentales del tarot de Marsella: predomina el rojo, sinónimo de energía y acción. El amarillo y el azul representan respectivamente la luz y la sabiduría. El sombrero en forma de ocho al revés representa el infinito, la espiritualidad, la voluntad y la creatividad. El Mago se apoya sobre sus pies y sostiene un denario en su mano derecha; sabe lo que quiere y es tenaz en todo lo que emprende, lo que garantiza ciertos logros materiales.

Como habrá comprendido, el Mago representa la noticia que recibimos o esperamos: la renovación, el principio de una historia, el arranque de un negocio. En una tirada, el Mago cubierto por otro arcano del tarot (en la 2.ª vuelta de la tirada) da siempre el tono, una respuesta anticipada a la pregunta formulada. Por ejemplo, con la Casa de Dios, vamos hacia una mala noticia.

Ejemplo: ¿Voy a tener noticias de mi hermano?

Si sale el Emperador, la Templanza, el Mago y la Emperatriz: sí, en breve recibirá buenas noticias por escrito.

Emperador (hermano), Templanza (poco tiempo), Mago (noticia), Emperatriz (escrito).

Una vez haya asimilado toda la baraja de 22 cartas, podrá asociar fácil y naturalmente el arcano del Mago.

Exprés
Noticia, inicio de alguna cosa, encuentro amoroso, llamada telefónica, noticia por escrito, por correo electrónico o por móvil, todos los medios de comunicación actuales.

El Colgado: arcano XII

El Colgado está representado por un hombre boca abajo con las manos atadas a la espalda. Es normal que, en una tirada, este arcano incomode al consultante. Efectivamente, nos encontramos en una situación de bloqueo, de espera. Esta carta tiene su importancia en el juego pues, gracias a ella, podemos dar informaciones sobre un futuro próximo.

Ejemplos:
— ¿Conseguiré pronto el préstamo bancario?
Si sale el Diablo, que representa el dinero, y el Colgado está al lado, su petición quedará en suspenso y deberá volver a formular la pregunta más tarde.
— Otra pregunta: ¿me ascenderán en breve como espero?
Acompañado de la Emperatriz, que representa los papeles, y la Templanza, que se refiere al tiempo (hasta tres meses), el Colgado indica un bloqueo. El ascenso está ahí, pero no será inmediato. En este caso, el Colgado no hace más que retrasarlo, pero no lo impide.
En cualquiera de los casos, la pregunta irá evolucionando con el tiempo; es raro que el bloqueo dure mucho tiempo.

Si le da la vuelta a la carta, verá mejor que el rostro del hombre es sereno, incluso relajado. Tal vez sepa que sólo le esperan tiempos mejores.

El Colgado está asociado al signo astrológico de Piscis, sensible, emotivo y dotado de una gran imaginación. Relacionado con Neptuno, se siente a gusto tanto en situaciones fáciles como complicadas. Por ello, a la decimosegunda casa del zodiaco (Piscis) se le suele llamar la «casa de las pruebas».

Exprés
Situación bloqueada, inmovilización, ceguera con respecto a una circunstancia dada, evasión mediante la psique, espera; en todos los casos que salga esta figura, debe formularse de nuevo la pregunta otro día.

El arcano sin nombre: arcano XIII

El Arcano sin nombre está representado por un esqueleto que sostiene una guadaña delante de un parterre sanguinolento, donde vemos diseminados cabezas, manos y pies. A primera vista, este arcano no resulta prometedor. Por otra parte, es habitual que la gente lo retire del juego, lo cual es muy desaconsejable, ya que esta carta, a pesar de su apariencia desagradable, tiene su importancia en el tarot de Marsella, que, sin ella, no tiene razón de ser.

Este arcano representa el final de un ciclo y el principio de otro. Para avanzar en la vida, a veces es necesario cambiar algo y evolucionar para pasar a otra cosa: por ejemplo, puede tratarse de modificar nuestra manera de pensar a fin de vivir de manera diferente.

En ciertos periodos de nuestra vida, tenemos tendencia a volver hacia el pasado para comprender dónde estamos y qué debemos hacer hoy para ser mejores mañana. Es decir, el esqueleto representa la muerte, el fin de algo, pero casi nunca la muerte física. Podríamos decir de este arcano que evoca ante todo la transformación con respecto a unos hechos pasados, presentes y futuros.

Ejemplos:
— Me ofrecen un empleo nuevo, ¿estaré a la altura?
Imaginemos que pone a la Emperatriz cerca de la Justicia, el Arcano sin nombre y el Sol: no cabe ninguna duda de que el nuevo empleo implicará una evolución y una transformación en su trayectoria profesional: usted cuenta con todas las cualidades necesarias para triunfar.
— Ante la misma pregunta, otra tirada formada por Justicia, Emperatriz, Templanza, Arcano sin nombre, Casa de Dios: su contrato se transformará dentro de poco tiempo, pero usted no tiene el perfil requerido para el nuevo trabajo.
En estos dos casos, el Arcano sin nombre le da una idea sobre su futuro próximo y la forma en que va a abordarlo.

EXPRÉS
Transformación positiva o negativa, liberación, fin de un ciclo, inicio de otro.

El Diablo: arcano XV

Esta carta es sobre todo un arcano material y representa muchas cosas, de ahí su dificultad de interpretación.
Cuando observamos esta carta vemos un diablo sobre un pedestal: junto a él, dos diablillos desnudos, uno femenino y otro masculino, con las manos a la espalda y unidos por una cuerda al cuello.

Esto nos lleva a pensar que existe una forma de manipulación y/o de sumisión psíquica o física.

El Diablo está vinculado a Escorpio. De espíritu vivo, busca siempre conocer el porqué de las cosas. Solemos encontrar gente de este signo en profesiones como policía, detective, banquero y cirujano; son personas a las que les gusta investigar y encontrar la solución a un problema. El Diablo aparece cuando se trata de dinero y negocios, pero también en relaciones amorosas. La pasión es una de las facetas presentes en este arcano, así como las cuestiones relacionadas con ella.

En conclusión, el Diablo aparece en todas las preguntas relativas al amor, al dinero y a la salud, pero también a la justicia. Este arcano es muy complejo, y responde a muchos interrogantes sobre numerosos asuntos. Por consiguiente, es importante que dirija bien su pregunta: cuanto más clara sea, más diáfana será la respuesta.

Ejemplos
— ¿Voy a vender la casa?
Si el Diablo sale en su juego cerca del Mago y el Sol: sí, la venta está presente, hay una transacción.
— ¿Tendré noticias de mi pareja?
Mago, Templanza, Diablo, Mundo: sí, no debería pasar mucho tiempo, ya que el terreno afectivo está presente.
— ¿Ganaré el proceso?
Diablo, Colgado, Arcano sin nombre: no por el momento, pues el asunto queda aplazado para más adelante.
— Me siento cansado, ¿debo ir al médico?
Diablo, Templanza, Colgado: ahora es el momento, hace tiempo que está cansado.

Exprés
Amor, pasión, deseo, dinero, finanzas, transacciones, salud, justicia, solución.

La Casa de Dios: arcano XVI

En el terreno de la interpretación, esta imagen quiere decir lo que se ve: estamos en medio de una catástrofe. Parece que los elementos se desencadenan sobre los dos hombres que aparecen en la carta. La Casa de Dios destruye todo a su paso, pero también lleva a una reflexión, y en la mayoría de los casos ayuda a cobrar ánimos, ya que permite la reconstrucción de algo que ha sido destruido justamente. Imaginemos, por ejemplo, a un joven director cuya empresa ha sido obligada a hacer suspensión de pagos; cuando vuelva a empezar, aprenderá de los errores cometidos.

Por consiguiente, es vital no quedarse con la impresión de catástrofe inevitable cuando se tiran las cartas. Puede profundizar en la pregunta o formularla más adelante, pero a veces es preferible no insistir.

Ejemplos
— ¿Me van a aumentar el sueldo?
Sacerdotisa, Mago, Diablo, Casa de Dios: no merece la pena contar con ello.
— ¿Está mi amigo Fernando enamorado de mí?
Diablo, Colgado, Casa de Dios: está claro, la respuesta es no.

Puede decirse que se trata del arcano más inoportuno del tarot de Marsella, pero también es el más claro en cuanto a su significado, que no puede ser tergiversado.

Exprés
Catástrofe, mala noticia, accidente, fracaso en una situación dada.

El Juicio: arcano XX

Aquí tenemos otro arcano espiritual, la Justicia divina. La Estrella y el Juicio son los dos arcanos espirituales del tarot de Marsella.

En el arcano del Juicio, tres personas desnudas rezan y charlan, sentadas alrededor de una mesa. Sobre ellas, un ángel intenta soplar la respuesta que esperan abajo.

A veces no comprendemos todo lo que nos pasa en la vida, sobre todo cuando debemos hacer frente a situaciones imprevistas o estamos a la espera de algo que no llega.

En el tarot de Marsella, existe la Justicia (arcano VIII): se trata de la justicia humana, que está unida a todas las profesiones legales como abogados, jueces, ujieres… El arcano del Juicio (arcano XX) representa la justicia divina: algo que no nos esperamos y de lo que no hemos sido juzgados correctamente aquí abajo. Podemos sufrirla en cualquier momento, y no siempre es agradable porque restablece la verdad.

En un proceso, por ejemplo, suele ocurrir que el veredicto no se pronuncia en el buen sentido. En ese caso, nos decimos que ha terminado todo; pero puede ocurrir que en el último momento haya un cambio, una rectificación imprevista: he aquí donde aparece el juicio divino. Aunque los abogados y los jueces lo hagan lo mejor que pueden, a veces puede surgir algo incomprensible que lo ponga todo en cuestión. En esos casos hablamos de ley divina, mientras que otros lo llamarán casualidad.

También puede ocurrir que esta justicia divina no sea inmediata, y que llegue algunos años después de que los hechos hayan transcurrido, en el momento en que menos nos lo esperamos. Por eso la llamamos la ley divina.

Exprés
Arcano de protección, de castigos merecidos.

La Estrella: arcano XVII

Se trata del arcano espiritual en todo su esplendor, un regalo del cielo.

Es una carta muy buena, que anula todos los arcanos nefastos que la rodean: implica la protección divina y una guía en la vida cotidiana.

Indica que una persona querida, ya fallecida, vela por nosotros y nos lo hace saber. Después de una muerte, supone un consuelo, que hace entrar en calor el corazón y nos muestra el camino a seguir.

Si lo miramos atentamente, veremos que este arcano representa a una mujer desnuda en el desierto, cerca de un oasis, mientras sostiene en sus manos dos cántaros rojos que representan el equilibrio. La bóveda estrellada quiere decir la plenitud con respecto a los pensamientos y los actos: nos planteamos menos interrogantes, y los hechos aparecen de forma más natural y libre.

En una tirada difícil, la Estrella permite transformar la situación e indica que el problema tiene una solución: hay que confiar plenamente en el futuro. El arcano permite recuperar la paz después de muchas dificultades.

Para recapitular, se trata de un arcano divino, que da calor, consuela los corazones y nos ofrece la dirección a seguir. Incluso en los casos difíciles, siempre hay esperanza de que todo vaya a mejor y que aparezca una solución al problema: basta con ser paciente y escuchar nuestra voz interior.

Exprés
Regalo del cielo, arcano de consuelo, vínculo con una persona querida en el más allá.

La Luna: arcano XVIII

Es una carta muy compleja porque posee multitud de significados y resulta difícil de interpretar. Si lo miramos con atención, observaremos que el reflejo de la luna en el agua es en realidad el de un cangrejo. En astrología, la luna se asocia con Cáncer. Representa el pasado y la imaginación.

La luna está asimismo unida a la feminidad y a todo lo relacionado con ella, como la fecundidad y el embarazo (sobre todo si va precedida del Mago): posee también los valores de la infancia.

Sinónimo de gestación, puede tratarse de una situación que se está agrandando en silencio. Igualmente, la Luna hace germinar lo oscuro y las ideas sombrías (miedos, angustias...).

Si este arcano aparece de forma repetida puede denunciar una cierta fragilidad mental, una depresión subyacente, sobre todo si se encuentra en segunda posición en una tirada exprés.

Hay que advertir que, en una situación dada, puede representar el atardecer, la noche: en general, el momento del día en que la imaginación es más fértil. En efecto, este arcano suele estar asociado a la creación.

En el terreno sentimental, es sinónimo de problemas en las relaciones, de que hay cosas que no se han dicho.

Sin embargo, estas situaciones no duran, pues la Luna es el astro que sigue un curso más rápido. A cada cuarto corresponde un cambio y una modificación, y la mujer es más sensible a ella.

Exprés
La mujer, la esposa, la madre, la que alimenta, la noche, la vida conyugal, los alimentos, los espejismos, la imaginación, la popularidad, el reflejo, la fecundidad.

La Templanza: arcano XIIII

Cuando miramos la Templanza, advertimos que esta carta inspira el apaciguamiento, a causa de las alas de ángel que lleva la mujer y a la serenidad que se lee en su rostro.

La armonía y la energía están simbolizadas por la transmisión del agua de un cántaro al otro, que representa el progreso de las cosas y los acontecimientos de la vida.

Cuando se echan las cartas, y según la pregunta formulada, la Templanza corresponderá por ejemplo a:

— la circulación del agua;
— la circulación sanguínea (relacionada con la salud);
— la circulación de dinero (transacción financiera o bursátil);
— y la circulación de carreteras, ferroviaria, aérea o marítima (viaje, desplazamiento).

Este arcano está asociado a Acuario y Virgo. El primero es, ante todo, el signo de la amistad, la independencia de acción y la originalidad. A Acuario le atraen los asuntos de vanguardia, las nuevas tecnologías (Internet, ordenadores, MP3, CD-ROM, DVD, etc.). Posee una visión global de las cosas, lo que le permite ir siempre por delante. Virgo es de naturaleza reservada y poco complicado, y su campo predilecto es el análisis.

Siempre hay una huida importante de energía en las Casas VI y XII cuando el Loco está enfrente en la tirada astrológica.

Este arcano representa también un movimiento en el tiempo, cuyo plazo podría ser de uno a tres meses, como máximo.

Exprés
Representa el tiempo (de uno a tres meses) y la circulación en general (financiera, de carreteras, sanguínea).

El Enamorado: arcano VI

El Enamorado es una carta muy difícil, pues puede significar muchas cosas. Cuando se observa con atención, advertimos a un joven que está hablando con dos mujeres. Él parece perplejo mientras ellas lo tranquilizan; él espera una solución a su problema, y ellas le animan a tomar una decisión. Encima de ellos, hay un querubín con una flecha, que no sabe adónde dirigirla, como si titubease.

Ello puede significar, al echar las cartas, que el consultante debe hacer una elección: se trata de una encrucijada de ideas, de realizaciones, pero también de la duda y la espera.

Esta carta, vinculada a Géminis, evoca la juventud, la infancia, la adolescencia, la efervescencia y el movimiento. Con una pregunta más precisa, puede estar asociada a la primavera o al principio del verano.

Finalmente, el Enamorado es un arcano que puede anunciar una relación sentimental. Acompañado del Diablo, la historia se vuelve pasional.

Si el Enamorado aparece en el 5.º arcano resultante, no permite contestar a la pregunta formulada. En este caso, no dude en volver a echar las cartas unos días más tarde.

Exprés
Juventud, vitalidad, novedad, duda.

Tirada con dos arcanos

Se parece un poco al resultado del corte: tome la baraja de 22 arcanos mayores, mezcle pero no corte. Disponga las 22 cartas en abanico sobre la mesa y formule la pregunta.

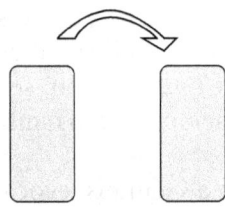

Tome dos cartas: una a la izquierda, que representa la pregunta formulada, y la segunda, la respuesta. Se trata de una tirada muy simple, donde no interviene ninguna interpretación, ya que sólo hay que leer el significado del segundo arcano, que le dará la respuesta.

Tirada con sólo tres arcanos mayores

Saque del mazo de cartas al Loco, la Sacerdotisa y el Mago. En esta tirada, estos arcanos significan:

— el Loco: el no, la negación, la debilidad o el error;
— la Sacerdotisa: el sí, la respuesta es positiva;
— el Mago: no se trata ni del sí ni del no; lo único que debe hacer usted es modificar su proyecto, lo cual no sucederá a menos que haya un cambio.

Ejemplos
Piense en su pregunta, extienda los tres arcanos delante suyo con la imagen boca abajo, después de haberlos cambiado varias veces de sitio sobre la mesa.

¿Voy a irme de viaje? Saca el Loco: no. Saca la Sacerdotisa: sí. Saca el Mago: sí, si cambia de destino o lleva a cabo alguna otra modificación.

En este ejemplo, se va de viaje si realiza varias modificaciones. Es una tirada muy simple, muy subjetiva. Si quiere más detalles, vuelva a coger la baraja entera y haga una tirada exprés.

El juego de los 10 arcanos

Esta tirada es otra forma de ver las cosas, el futuro, al igual que los cuatro arcanos, ya que se trata de la unión de dos arcanos en algunos campos particulares de nuestra existencia, pero de manera más detallada.

Esta tirada se lleva a cabo con los 22 arcanos mayores. Después de haber barajado todas las cartas, las extendemos delante de nosotros y escogemos 10.

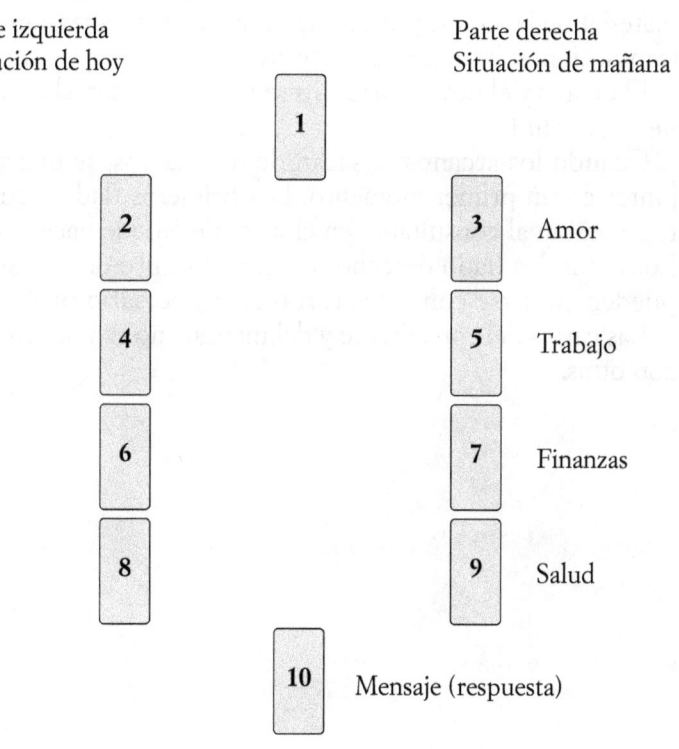

Explicación
El primer arcano representa al consultante, que debe ser analizado en solitario tomando como referencia la guía exprés del tarot. Es la carta más importante de la tirada, y por consiguiente, se recomienda no precipitarse a la hora de escogerla.

El último arcano (10.º) es un mensaje que se da para el periodo determinado de la tirada.

El segundo y el tercer arcanos tienen una estrecha relación con los sentimientos, la amistad, el amor, las grandes alegrías, la vida afectiva y la felicidad.

El cuarto y el quinto arcanos representan la actividad en general: el trabajo, los negocios, las empresas y las iniciativas.

El sexto y séptimo arcanos se refieren en particular al lado material de la vida y, por consiguiente, a las finanzas: ingresos, transacciones, intereses, préstamos.

El octavo y el noveno arcanos se relacionan con el estado general de salud.

Cuando los arcanos se sacan de dos en dos, se interpretan juntos en un primer momento. Los primeros (lado izquierdo) representan al consultante en el instante en que hace la tirada. Los segundos (lado derecho) evocan el futuro de este sujeto y pueden cubrirse con otras cartas si es necesario profundizar.

Las cartas del consultante y del mensaje no se pueden cubrir con otras.

Ejemplo en un mes
Tomamos la baraja, mezclamos y cortamos.

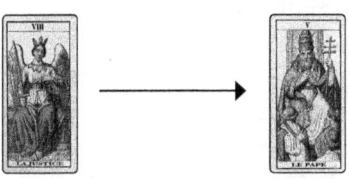

Situación estable según el corte; se continúa con la tirada tomando toda la baraja en las manos.

Explicación
- Corte: Emperatriz, Sumo Sacerdote.

Usted está representado por la Emperatriz, una mujer de acción que controla su vida en este momento, con el Sumo Sacerdote a su lado: esta tirada refleja el clima a lo largo de un mes.
- Juego de 10 arcanos:

1.er arcano: Juicio, es la carta del consultante; se siente bien con su vida, todo le sonríe.

2.º arcano: Mundo, hoy todo le va bien en el terreno sentimental.

3.er arcano: Casa de Dios, pero mañana no le irá tan bien (puede profundizar mediante otra carta).

4.º arcano: Sol, todo va bien en lo que respecta al trabajo.

5.º arcano: Ermitaño, y perdurará en el tiempo.

6.º arcano: Diablo, el dinero está presente hoy.

7.º arcano: y se refuerza en el futuro (para estar seguro de que esto sea así, analice la carta).

8.º arcano: Templanza, su salud es buena.

9.º arcano: pero debe prever momentos de cansancio en un futuro.

10.º arcano: carta del mensaje, el Enamorado: usted va a hacer muchísimas cosas. Puede poner otra carta sobre este último arcano para ver si todo esto es positivo.

Como podrá comprobar, no puede recubrir los arcanos del consultante ni de hoy. Por contra, cuando una carta del mañana no le convence o no le proporciona información suficiente, puede cubrirla una vez, o dos, si quiere.

El arcano del mensaje se recubre muy pocas veces; tan sólo si la respuesta es ambigua o no es nada buena: por ejemplo, la Casa de Dios.

Continuamos adelante con este juego para obtener explicaciones más amplias.

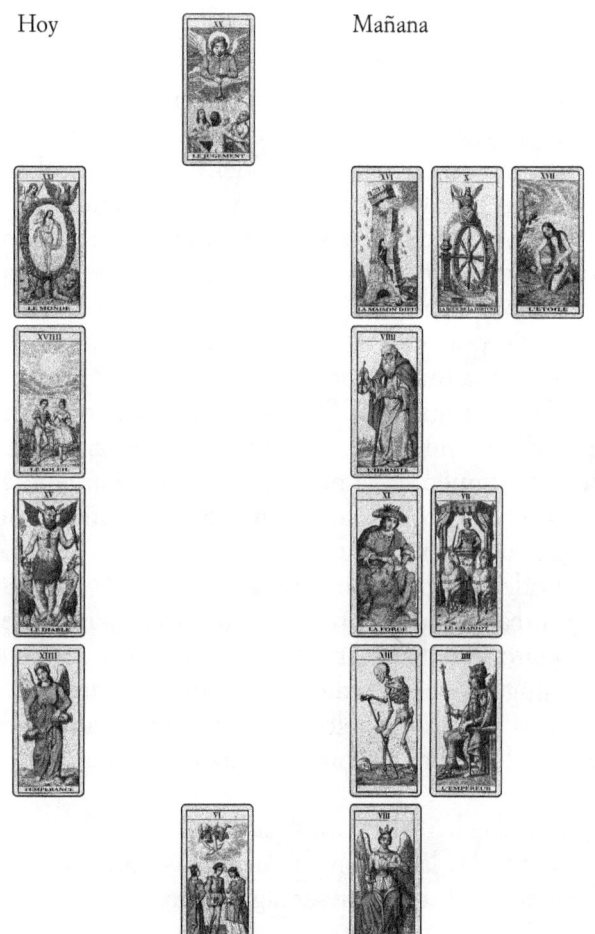

Seguimos poniendo más cartas sobre los arcanos, es decir, cubriéndolos.

El primer arcano que representa al consultante no se tapa nunca.

Se tapa el 3.er arcano para su futuro: la Casa de Dios está asociada en primer lugar a la Rueda de la Fortuna y luego a la Estrella, lo que significa que nuestra situación afectiva es buena en estos momentos (el Mundo), y que mañana será menos serena, pero conocerá un cambio favorable en el curso del mes.

El 5.º arcano no precisa que le pongamos otra carta encima.

El 7.º arcano está acompañado del Carro, lo cual confirma que no existen problemas en el terreno económico.

La 9.ª carta está tapada por el Emperador. Es cierto: nos sentimos cansados, pero no por mucho tiempo gracias a que este último arcano nos proporcionará energía.

Pocas veces ponemos otra carta sobre el arcano 10.º, salvo que exista alguna duda sobre el mensaje. En este caso, el Enamorado significa que nos dirigimos hacia una o varias cosas, pero que, de momento, no sabemos si será para bien o para mal. Por consiguiente, vamos a ponerle otro arcano encima. Como la Justicia proporciona ante todo equilibrio, haremos frente a la situación en el futuro.

Como podemos comprobar, los arcanos 2.º, 4.º, 6.º y 8.º no se cubren nunca, ya que representan nuestra manera de ser en este momento. Puede pasar que un juego salga perfecto y que no tenga ninguna necesidad de superponer los arcanos.

Este juego representa sólo una situación para un mes, pero también puede hacer una consulta para los próximos tres meses.

Otra tirada de los 10 arcanos para tres meses.

Tomamos todas las cartas, barajamos y cortamos al tiempo que pensamos en los tres meses siguientes.

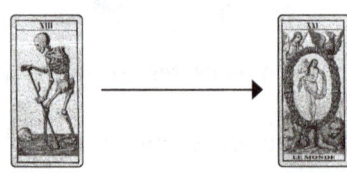

En el corte aparece una transformación positiva. Volvemos a juntar toda la baraja y continuamos con la tirada:

Explicación
Corte: Arcano sin nombre, Mundo.
 Está usted representado por el Arcano sin nombre: desea un cambio y se dirige hacia una transformación positiva. El Mundo representa los meses venideros, que serán propicios.
 Continuamos con la explicación.
 1.er arcano: Colgado, está a la espera de algo o de un acontecimiento que ha de llegar.
 2.º arcano: Arcano sin nombre, hoy por hoy quiere transformar su vida sentimental.

3.er arcano: Fuerza, su deseo posee vigor.

4.º arcano: Estrella, en estos momentos la vida laboral va bien.

5.º arcano: Templanza, y así continuará durante los próximos meses.

6.º arcano: Justicia, equilibrio en el presupuesto.

7.º arcano: Ermitaño, demuestra que existe un cierto equilibrio pero que hay poco dinero (debe profundizar en ellos).

8.º arcano: Luna, en estos momentos siente cierta fatiga.

9.º arcano: Mago, tal vez debería consultar de nuevo.

10.º arcano: Sumo Sacerdote, seguirá sereno y tranquilo durante los próximos tres meses.

El corte es positivo: tiene tres meses positivos por delante.

El arcano del consultante se halla antes del Colgado. No podemos añadir una carta, pero no se trata forzosamente de una carta mala. Se encuentra en una situación de bloqueo, en espera de algo que no tardará en llegar.

Por el contrario vamos a cubrir algunos arcanos del futuro que merecen un mayor estudio.

Continuamos:

Continuamos la explicación de la tirada cubriendo las cartas.

El 1.er arcano, que representa al que consulta, no se puede tapar; por consiguiente, nos hallamos en una situación de espera.

Ponemos una carta sobre el 3.er arcano para profundizar en el futuro sentimental. Obtenemos así la Fuerza, que combina con el Loco y el Sol. Vamos hacia una bonita historia: viviremos momentos muy felices con nuestra pareja durante los próximos meses.

Se cubre el 5.º arcano para el futuro profesional. El Emperador acompaña a la Templanza, lo que implica que esta parte de la vida seguirá siendo positiva durante los tres meses venideros.

Tapamos ahora el 7.º arcano. Advertimos que el clima económico continuará estable pero poco lucrativo; el Carro superpuesto al Ermitaño confirma esta situación.

Luego, el 9.º arcano, el Mago, está recubierto por el Diablo y el Mundo. Consultamos a un médico para que nos aporte tranquilidad y una mejor salud en los próximos meses.

El arcano 10.º, el Sumo Sacerdote, no precisa de mayor estudio, ya que denota la serenidad frente al futuro.

No olvide que esta tirada indica la situación futura de un periodo que va de uno a tres meses.

¡A sus arcanos!

Tirada astrológica

La tirada astrológica refleja la carta del cielo en astrología, compuesta por 12 casas y 12 arcanos. Nos llevará al examen profundo de una tirada completa, en relación con diferentes situaciones de nuestra vida cotidiana.

Primero, en relación con las casas astrológicas:

Arcano 1: nuestro ego, nuestro yo.

Arcano 2: casa de las finanzas y del dinero.

Arcano 3: casa de los trayectos cortos, y de los hermanos y hermanas.

Arcano 4: casa de nuestra familia, del padre, de la madre y del patrimonio; de nuestro hogar, si no tiene familia.

Arcano 5: casa de la creación, de los niños, de los juegos y del arte.

Arcano 6: casa del trabajo que no escogemos, por cuenta ajena, y de las enfermedades leves.

Arcano 7: casa de la pareja, del cónyuge y de la muerte.

Arcano 8: casa de las herencias y de la muerte.

Arcano 9: casa de los viajes físicos y mentales, y de la espiritualidad.

Arcano 10: casa del trabajo independiente y personal, y del éxito profesional.

Arcano 11: casa de los amigos, próximos y lejanos.

Arcano 12: casa de los enemigos, de las enfermedades largas y de los hospitales.

Vamos a colocar otra carta sobre cada casa; ya tenemos una idea de la Rueda astrológica. Ahora intentaremos interpretarla juntos.

Práctica

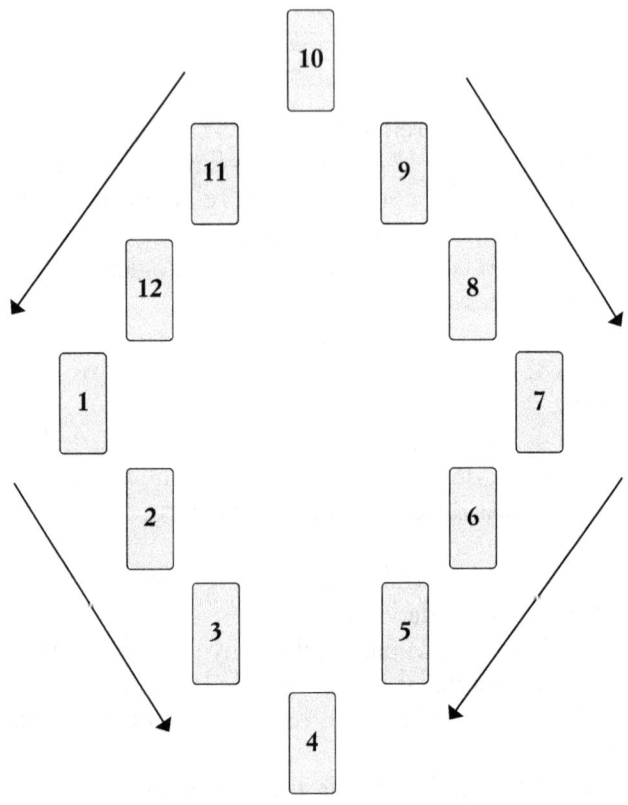

Resultado de la tirada de 12 arcanos: complementos

Después de haber trazado el círculo astrológico y haber colocado los arcanos en las casas, vamos a disociar cuatro casas principales: I, IV, VII, X.

• La Casa I: se refiere al ego, al yo, al pasado y a cómo nos encontramos y nos situamos ese día ante la pregunta.

• La Casa IV: está relacionada con la propia familia, el padre, la madre y el patrimonio familiar.

• La Casa VII: se refiere al cónyuge, al socio, a las asociaciones, al matrimonio y, si cabe, al divorcio.

• La Casa X: está relacionada con el trabajo escogido libremente y que nos gusta, las profesiones liberales o los puestos importantes en el seno de una gran empresa. Cierta popularidad, muchos contactos.

Después de esta pequeña introducción, vamos a trazar un círculo y a instalar de nuevo las Casas, además de las concordancias. Es decir:

Ejemplo práctico

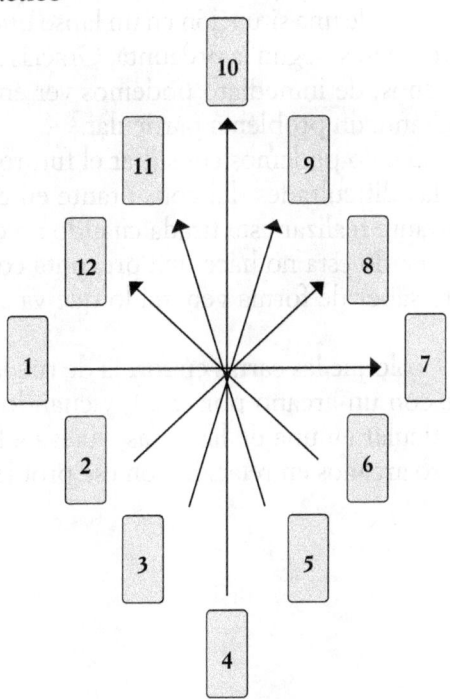

La Casa I tendrá como aliada a la Casa VII.
La Casa II tendrá como aliada a la Casa VIII.
La Casa III tendrá como aliada a la Casa IX.
La Casa IV tendrá como aliada a la Casa X.
La Casa V tendrá como aliada a la Casa XI.
La Casa VI tendrá como aliada a la Casa XII.

A fin de interpretar estas casas unidas, debemos trazar sus respectivos vínculos. Vamos a estudiar esta pregunta mediante la tirada exprés de las páginas siguientes.

Análisis de la tirada astrológica: situación
Estamos ahora en presencia de la rueda astrológica, con las casas y las diferentes interpretaciones. Es cierto que esta tirada nos lleva más cerca de una situación en un lapso que va de tiempo de uno a tres meses, según la pregunta. Gracias a las posiciones de los arcanos, de inmediato podemos ver en qué campo tiene el consultante un problema particular.

Con esta tirada, no podemos consultar el futuro. Sólo podemos advertir las dificultades del consultante en ciertos terrenos. Es importante realizar esta tirada cuando no conocemos a la persona o cuando esta no hace una pregunta concreta, e incluso si quiere saber de forma general lo que va a pasar en su vida.

En ese caso, coloque las cartas en forma de rueda astrológica (es suficiente con un arcano por casa), y cuando advierta un problema particular en una de las casas, vuelva a hacer una tirada con cuatro arcanos en relación con ese problema.

Ejemplo de tirada astrológica

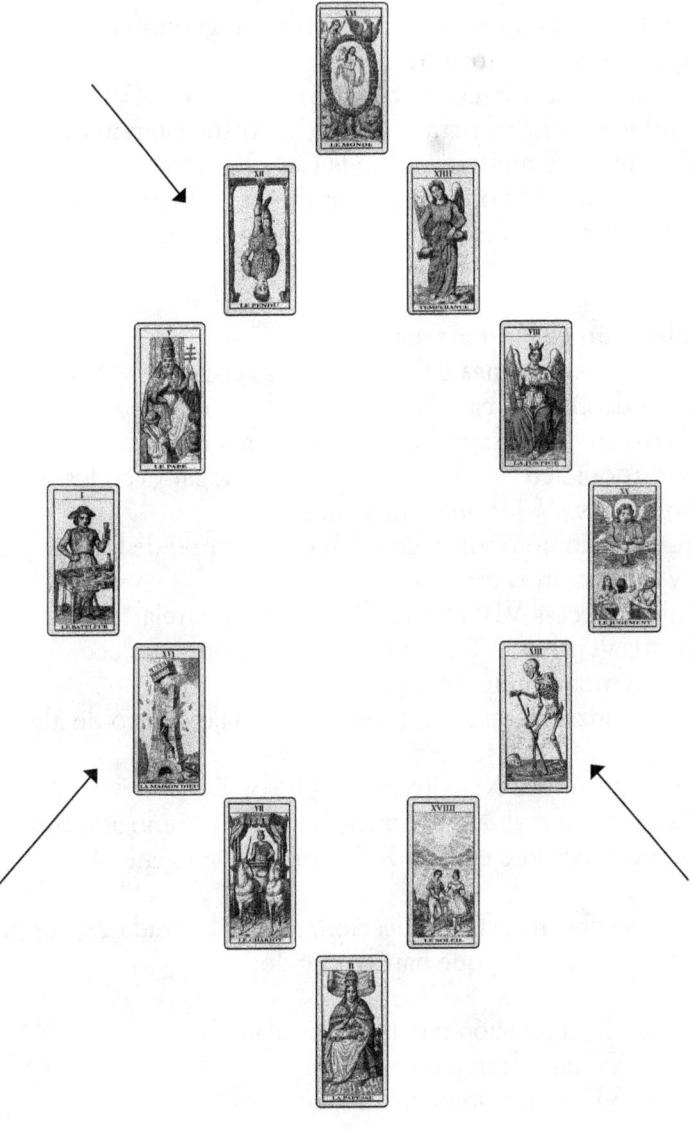

La rueda astrológica está dispuesta.

Advertimos un problema en las casas II, VI y XI. Tomamos las cartas restantes y formulamos tres preguntas en una tirada simple con cuatro arcanos.

Problema económico para la Casa II: arcano XVI.

Problema laboral para la Casa VI: Arcano sin nombre.

Problema de amistades para la Casa XI: arcano XII.

De esta forma obtenemos una tirada realmente completa y aguda. Llevamos a cabo nuestra consulta realizando tres tiradas exprés.

Explicación de la tirada astrológica

Mago en casa I: ganas de hacer muchas cosas.

Casa de Dios en casa II: problema económico.

Carro en casa III: múltiples desplazamientos.

Sacerdotisa en casa IV: serenidad en el hogar y con los padres.

Sol en casa V: los hijos traen alegrías.

Arcano sin nombre en casa VI: en el campo de la salud, fatiga, y cambio en el trabajo.

Juicio en casa VII: buen ambiente en la pareja.

Justicia en casa VIII: a pesar de los problemas económicos, conseguimos equilibrar el presupuesto.

Templanza en casa IX: proyecto de viaje dentro de algunos meses.

Mundo en casa X: éxito en el trabajo.

Colgado en casa XI: contrariedad en el terreno amistoso.

Sumo Sacerdote en casa XII: equilibrio en general.

Una vez hecha esta explicación, realice la tirada exprés para los arcanos difíciles que han aparecido:

— casa II, en relación con la economía;
— casa VI, en relación con el trabajo;
— casa XI, en relación con las amistades.

Casa de Dios en II.
Arcano sin nombre en VI.
Colgado en XI.

Puede ahora analizar estros tres temas en una tirada exprés. Es decir:

• 1.ª tirada exprés: finanzas, Casa de Dios (XVI) en la rueda astrológica, en casa II.
¿Va a solucionarse mi situación económica?

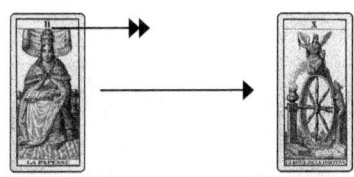

Al cortar obtenemos: Sacerdotisa y Rueda de la Fortuna; la respuesta es sí.

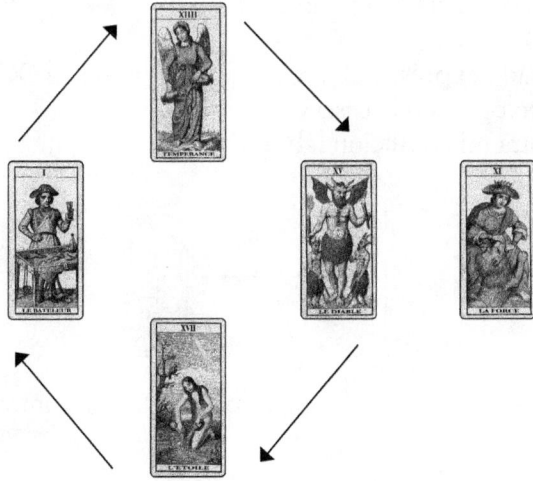

1.er arcano a la izquierda: Mago (I)
2.º arcano arriba: Templanza (XIIII)
3.er arcano a la derecha: Diablo (XV)
4.º arcano abajo: Estrella (XVII)
5.º arcano resultante de los cuatro arcanos anteriores: 47; 4 + 7: Fuerza (XI)

Conclusión
Sus problemas económicos van a solucionarse dentro de poco tiempo y de manera positiva.

Explicación
Mago: noticia.
   Templanza: dentro de poco tiempo.
   Diablo: relacionada con el dinero.
   Estrella: noticia positiva e inesperada.
   Fuerza: llegará rápidamente.

El corte coincide con la tirada.

• 2.ª tirada exprés: trabajo, Arcano sin nombre (XIII) en la rueda astrológica en la casa VI.
   ¿Mejorará mi condición laboral?

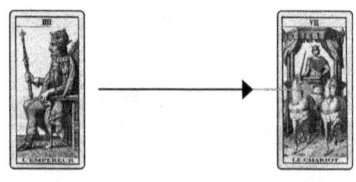

Al cortar, obtenemos: Emperador y Carro; sí, vamos hacia el éxito.

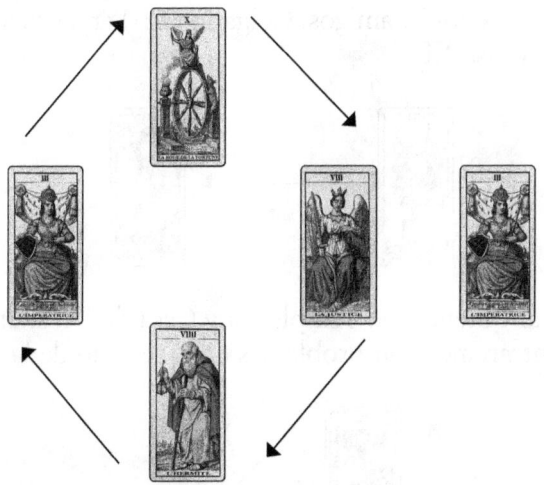

1.er arcano a la izquierda: Emperatriz (III)
2.º arcano arriba: Fortuna (X)
3.er arcano a la derecha: Justicia (VIII)
4.º arcano abajo: Ermitaño (VIIII)
5.º arcano resultante de los cuatro arcanos: 30; 3 + 0 = 3: Emperatriz (III)

Conclusión
Una mejora en el trabajo le aportará un cierto equilibrio, aunque le hará falta algo de paciencia.

Explicación
Emperatriz: consultante.
 Rueda de la Fortuna: cambio.
 Justicia: recuperación del equilibrio.
 Ermitaño: pero dentro de un cierto tiempo.
 Emperatriz: éxito.

El corte coincide una vez más con la tirada.

• 3.ª tirada exprés: amigos, Colgado (XII) en la rueda astrológica en la casa XI.

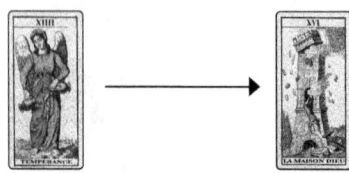

Al cortar obtenemos: Templanza y Casa de Dios; en efecto, nos encontraremos con problemas en el terreno de la amistad.

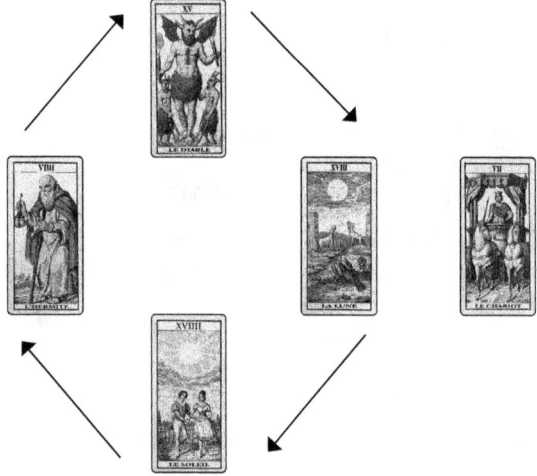

1.er arcano a la izquierda: Ermitaño (VIIII)
2.º arcano arriba: Diablo (XV)
3.er arcano a la derecha: Luna (XVIII)
4.º arcano abajo: Sol (XVIIII)
5.º arcano resultante de los cuatro arcanos: 61; 6 + 1 = 7: Carro (VII)

Conclusión
Nos sentimos solos, ansiosos, tristes, un poco marginados, pero la situación debería mejorar próximamente.

Explicación
Ermitaño: nos sentimos solos.
    Diablo: ansiosos.
    Luna: tristes y marginados.
    Sol: esta situación debería mejorar.
    Carro: es probable que pronto recuperemos la sonrisa.

En este caso, el corte no refleja la tirada, por lo que finalmente es mejor haberlo analizado mediante la tirada exprés.

Arcanos difíciles
en la rueda astrológica

Casa de Dios (XVI)

En...
- Casa I: aquí, este arcano produce a menudo un cierto desaliento. Nos sentimos mal con respecto a una situación. Debemos observar bien las cartas que la rodean, es decir, las casas XII y VII.

- Casa II: tropezamos con problemas de tesorería. Mire también el arcano de la casa VIII para confirmar este estado de cosas.

- Casa III: no nos sentimos bien con la familia más próxima, tenemos conflictos. Hay que vigilar también los desplazamientos por carretera. Habríamos de mirar en paralelo la casa IX.

- Casa IV: podemos pelearnos con nuestros propios padres. Este arcano también corresponde a problemas materiales o de salud para la familia.

- Casa V: dificultades con los hijos, o para concebir un niño/a, creación.

- Casa VI: pueden surgir problemas en el trabajo y con los jefes. También puede tratarse de un pequeño problema de salud (anginas, gripe).

- Casa VII: encontramos problemas de comprensión con los compañeros del trabajo, o en la pareja.

- Casa VIII: problema financiero, de capitales y de seguros.

- Casa IX: podemos tener pesadillas, dificultad de recuperación. Si teníamos previsto hacer un viaje, este puede ser anulado o pospuesto. Es posible que se inicie un pleito por alguna razón.

- Casa X: problemas laborales. Si proyectábamos iniciar alguna actividad, se retrasa.

- Casa XI: malentendidos con los amigos, incomprensiones, peleas.

- Casa XII: nos sentimos cansados, tenemos la moral por los suelos. Deberíamos mirar los arcanos de las casas XI, I y VI.

Templanza (XIIII)

En...
- Casa I: movimiento en la vida cotidiana; nos dirigimos hacia algo. Debemos mirar en paralelo la casa VII.

- Casa II: movimiento o transacciones, solicitud de préstamo, bastante positivo en el campo económico.

- Casa III: visitas a la familia, o numerosos trayectos cortos.

- Casa IV: los padres pueden querer desplazarse o puede haber un cambio en su vida cotidiana.

- Casa V: podemos querer hacer algo nuevo en un terreno artístico. Desplazamiento con los hijos o hacia donde están ellos.

- Casa VI: pequeño cambio en el trabajo, desplazamiento a causa de este. Problemas en las piernas, mala circulación. Debemos observar el arcano de la casa XII.

• Casa VII: un poco de jaleo en la pareja, o posibilidad de un nuevo encuentro para alguien que esté solo.

• Casa VIII: trastorno en las finanzas, en general favorable. Debemos observar el arcano de la casa II.

• Casa IX: proyecto de viaje lejano y numerosos sueños.

• Casa X: transformación en el trabajo. En esta situación y para afinar la interpretación, debemos añadir siempre una carta.

• Casa XI: encuentro o visita de unos antiguos amigos; movimiento, invitación.

• Casa XII: relacionado con la salud; mala circulación, ligeras palpitaciones. Debemos mirar en paralelo el arcano de la casa VI.

Mago (I)

En...
• Casa I: gran independencia, libre arbitrio, posible influencia sobre los acontecimientos.

• Casa II: posibilidad de alguna ganancia económica, mejora en este campo.

• Casa III: podemos querer hacer un viaje. Ayuda de hermanos y hermanas.

• Casa IV: acontecimiento en el ámbito familiar, más relacionado con los padres o los abuelos.

• Casa V: nuevo suceso en el terreno afectivo, como el nacimiento de un nuevo amor, un encuentro, pero también creación (para los artistas), constitución de una empresa o algo parecido.

- Casa VI: recibimos una noticia en el trabajo. Un nuevo inicio profesional, más responsabilidades, incluso un posible ascenso; en definitiva, un hecho positivo en el trabajo.

- Casa VII: nuevo suceso que tiene lugar en la vida social del consultante (colegas, asociados); la vida conyugal puede tomar un nuevo rumbo.

- Casa VIII: cambios financieros en la vida cotidiana debido a créditos, préstamos, sucesión, seguros.

- Casa IX: noticias sobre un viaje. Hecho que procede del extranjero. Noticias relacionadas con un proceso, estudios superiores, concurso.

- Casa X: señala siempre un periodo en la vida en general. Alegrías en el trabajo o en el arte. Debe mirar siempre los arcanos que hay en las casas I, IV y VII, y luego hacer el análisis.

- Casa XI: noticias de amigos, logro social o entre amigos; posibilidad de ayuda procedente de un amigo.

- Casa XII: falta de juicio, representa una prueba de una gestión poco considerada. Es posible que haya conflictos, por lo que hará falta recurrir a la diplomacia.

Enamorado (VI)

En...
- Casa I: arcano de la duda, de la elección de una decisión que debe tomar; en esta posición puede referirse a un niño, un adolescente o un Géminis.

- Casa II: permite diversos recursos; la vía económica resulta fluctuante e interesante.

- Casa III: favorable para los pequeños desplazamientos, y para los hermanos y hermanas; podemos ir hacia donde están ellos.

- Casa IV: ayuda material de los padres, o visita de estos o de los abuelos.

- Casa V: podemos trabajar con los hijos, creación, visita de nietos.

- Casa VI: multitud de cosas que hacer en el trabajo; podemos padecer pequeños males o problemas.

- Casa VII: problemas en el terreno sentimental con el cónyuge; se puede conocer a una persona más joven o incluso un Géminis.

- Casa VIII: poco favorable al amor, podemos perder a un ser querido, o que simplemente desaparezca el amor. Pérdida de afecto.

- Casa IX: varias alternativas para un gran viaje. Podemos también acordarnos de varios sueños. El amor puede estar vinculado al extranjero: un encuentro amoroso fuera del país, o simplemente un encuentro con un extranjero.

- Casa X: varias pasiones y posibilidades laborales; por otra parte, podemos trabajar con mucha gente a nuestro alrededor.

- Casa XI: puede que una amistad se transforme en amor, y viceversa; muchos amigos alrededor de nosotros.

- Casa XII: prueba sentimental o vinculada al amor, pérdida de un afecto. Con respecto a la salud, gasto de energía, nuestros pulmones están débiles, y también los antebrazos y las manos.

Luna (XVIII)

En...
- Casa I: se siente en un momento de vacilación, un poco pesimista con respecto al futuro.

- Casa II: fluctuaciones de ingresos, mayor clientela (comercio, empresa), movimiento financiero.

- Casa III: movimiento en el entorno, pequeños viajes de visita a hermanos o hermanas, distracciones.

- Casa IV: cambios en la familia, mudanzas; también pueden preocuparnos los padres.

- Casa V: posibilidades de nacimiento, sobre todo si se asocia al Mago. Creación de alguna cosa, como una empresa. Fecundidad, popularidad, suerte para los hijos y en el juego.

- Casa VI: cambio en el trabajo, pequeños problemas de salud (digestión). Podemos tener también un trabajo de noche o que requiera imaginación.

- Casa VII: asociación, matrimonio, nuevo amor, mejora en la relación con colegas o asociados.

- Casa VIII: riesgo de mala salud para los padres, inquietudes, noticias relativas a nuevos capitales, bienes inmuebles, seguros, legados.

- Casa IX: proyecto de viajes, sueños, intuición, suerte en un proceso.

- Casa X: incremento de las responsabilidades laborales, reconocimiento, mucha gente.

- Casa XI: la vida social y amistosa cobrará nueva vida, posibilidad de invitación a una fiesta, aunque puede dudarse de la sinceridad de los amigos íntimos.

• Casa XII: dificultades en el hogar, tensiones conyugales o salud frágil, particularmente en el campo femenino (debemos observar en paralelo la casa VI).

Sol (XVIIII)

En...
• Casa I: planeta resplandeciente, personalidad atrayente. En astrología, refuerza el signo donde se encuentra el ascendente. Refleja la alegría y la felicidad.

• Casa II: posibilidad de fortuna, de ingresos procedentes del padre o del marido. Representa un aporte económico considerable y permite un mayor rol social y la progresión de la fortuna.

• Casa III: importancia de los escritos, mejor en un signo de aire. Estudio brillante, desplazamientos. Puede expresar el éxito de un hermano.

• Casa IV: brote de éxito al final de la vida. El padre puede jugar un papel importante y contribuir al éxito. Bien inmobiliario importante. Autoridad sobre la familia.

• Casa V: amor, felicidad familiar. Éxito en el arte o también en el profesorado o la educación. Pocos hijos, pero se está satisfecho de ellos por su triunfo. Reencuentro amoroso.

• Casa VI: autoridad en el trabajo, afirmación en ese campo. Para una mujer, encuentro en el trabajo. Hay que vigilar un exceso de vitalidad, el corazón y el aparato circulatorio.

• Casa VII: permite la manifestación de una acción social. Generosidad para el prójimo. Los contratos y el matrimonio se ven favorecidos. Éxito tardío, ascenso en la madurez. Podemos tener enemigos en el trabajo.

• Casa VIII: riesgo de perder al padre bastante joven o de manera brutal. Posibilidad de una herencia importante.

• Casa IX: otorga un ideal, favorece la enseñanza y a veces lleva consigo una misión de representación importante, a menudo en el extranjero. Ilumina la conciencia y protege.

• Casa X: ilumina la situación, influencia mayor de uno de los progenitores, más bien el padre. Poder de decisión, nos gusta nuestro trabajo, que puede ser una pasión. Situación nueva a la vista.

• Casa XI: protección por parte de los amigos, que pueden ser numerosos. Atracción por la política, aptitudes sociales.

• Casa XII: pruebas diversas que conforman la personalidad. Atracción por las cosas escondidas, ocultas.

Demostración de varias tiradas

Tirada de la semana

Tome la baraja de 22 arcanos, mezcle y corte. Al cortar se vislumbra ya una visión de la semana.

Disponga las 22 cartas delante suyo, y escoja 14, que colocará en dos filas de siete arcanos, ya que siete son los días de la semana.

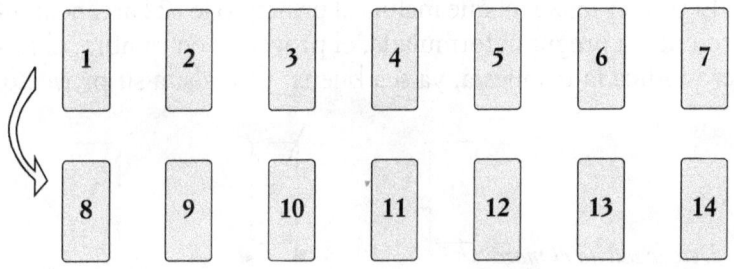

La interpretación empezará a partir del día en que formule su pregunta y durará una semana a partir de ese momento. Por el contrario, si hace la pregunta por la noche, la semana empezará al día siguiente.

Tirada relativa a un proyecto

Haga esta tirada metódicamente, ya que funciona con tres grupos de cartas.

Baraje los 22 arcanos mientras piensa intensamente en su proyecto o en otra pregunta importante. Después de haberlos mezclado, coloque la baraja delante de usted y haga otros dos mazos más, que colocará a la derecha del que ha hecho primero. Retire el mazo central, ya que hará su tirada con los otros dos. Dele la vuelta al primer mazo y póngalo del lado del dibujo, y después extienda verticalmente las cartas (limítese a ir deslizando los naipes unos detrás de los otros). Proceda del mismo modo con el tercer mazo.

El primer mazo (el que incluía al principio los 22 arcanos) representa la pregunta formulada, el proyecto; en cambio, el tercero indica la respuesta, ya sea buena, ya mala, a su proyecto.

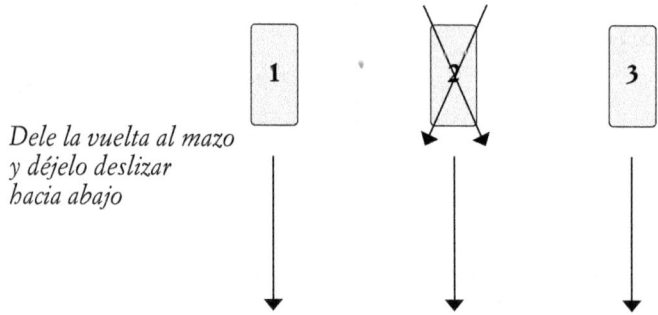

Dele la vuelta al mazo y déjelo deslizar hacia abajo

Ejemplo práctico
Baraje todas las cartas al tiempo que piensa en su pregunta con intensidad.

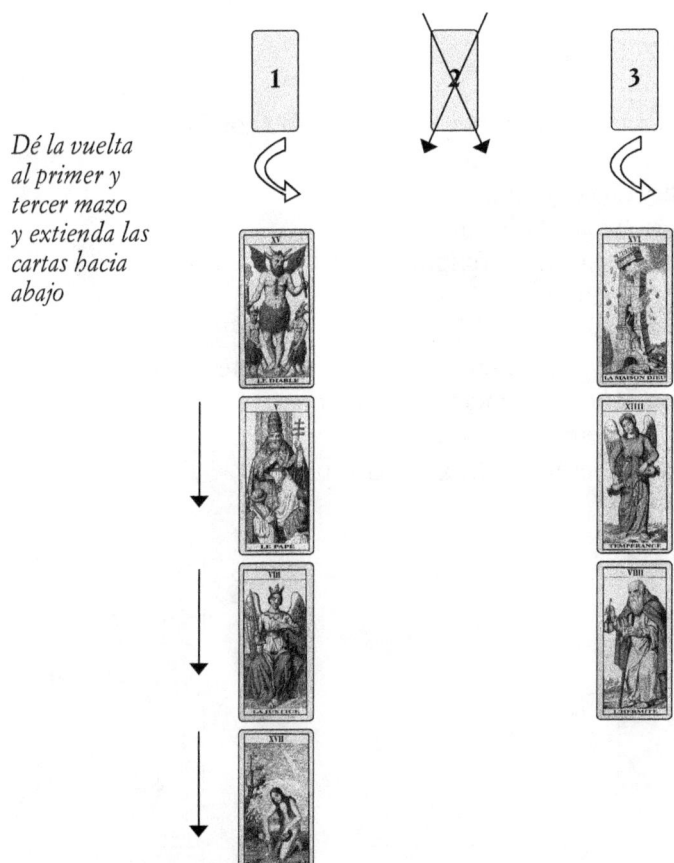

Dé la vuelta al primer y tercer mazo y extienda las cartas hacia abajo

Se trata tan sólo de un ejemplo; el primer y el tercer mazos pueden ser mucho más voluminosos. A continuación, realizará una interpretación mejor si recuerda la guía exprés del tarot que ha aparecido anteriormente. Esta tirada es un poco complicada, y hace falta cierta práctica.

La cruz céltica

Se trata de un oráculo que se lleva a cabo con 10 arcanos.

Arcano 1: consultante.
Arcano 2: pasado lejano.
Arcano 3: pasado próximo.
Arcano 4: futuro.
Arcano 5: objetivos del consultante.
Arcano 6: comportamiento del consultante.
Arcano 7: las influencias circundantes.
Arcano 8: temores y esperanzas.
Arcano 9: desenlace final de la situación.

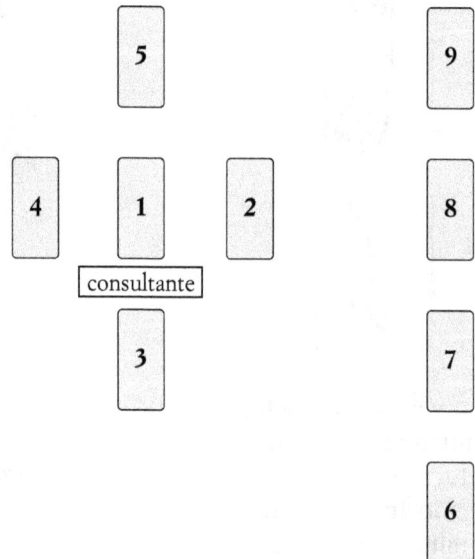

El juego del nombre

Baraje las cartas conforme piensa intensamente en la persona a la que realiza la tirada. Corte y coloque en la primera fila tantos arcanos como letras tiene el nombre y, a continuación, ponga el mismo número de cartas debajo; deles la vuelta.

Ejemplo: Marie (cinco letras)

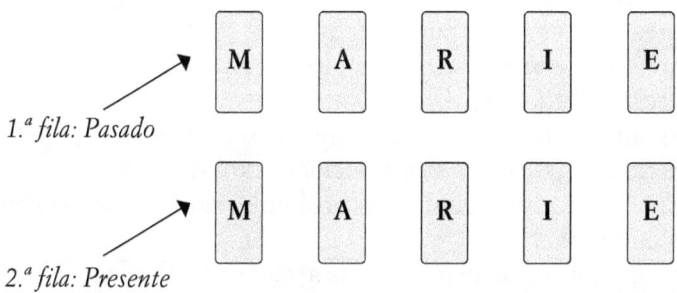

Por consiguiente, para una persona llamada Marie, hay que extender dos veces cinco arcanos, darles la vuelta y, a continuación, interpretarlos.

La primera fila representa el pasado de Marie, mientras que la segunda indica su futuro.

Tiene ante usted el oráculo del momento. Esta tirada puede hacerse incluso cuando no conoce a la persona; además, coincide con la rueda astrológica y la tirada de 10 arcanos.

Puede interpretar este juego de formas muy diferentes. Primera línea: pensamiento del consultante; décima línea: estado físico del consultante

Oráculo del espejo

Tome todas las cartas del tarot, y barájelas sin pensar en nada especial. Esta tirada representa un cambio en su horizonte, parecida a la rueda astrológica y a la tirada de los 10 arcanos.

Saque una carta de la baraja y colóquela descubierta en el centro de la mesa: le representa a usted.

Arcano 1: consultante.
Arcano 2: espíritu, pensamientos.
Arcano 3: sentimientos, vínculos afectivos.
Arcano 4: futuro próximo.
Arcano 5: sorpresas, acontecimientos imprevistos.
Arcano 6: pensamientos y acciones de los demás.
Arcano 7: acontecimientos probables en los que no pensamos habitualmente.
Arcano 8: consecuencia de las acciones realizadas.
Arcano 9: futuro lejano.

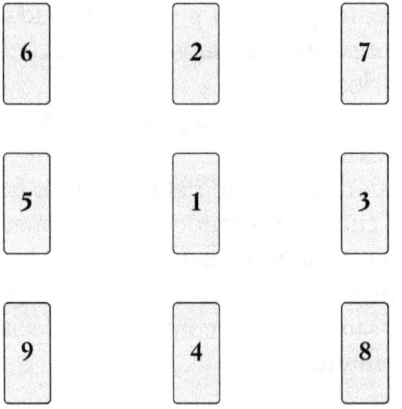

N.B. *Cubrimos los arcanos, salvo el último (el 9.º), que puede dar detalles sobre el futuro lejano.*

Partiendo del arcano 1, y siguiendo por el 2 y el 3, hasta la carta 9, comprobamos que el conjunto se parece a un caracol que tiene por cabeza este último arcano.

Para acabar, la meditación le proporcionará la calma necesaria para consultar mejor sus arcanos o para relajarse después de la tensión de la vida cotidiana.

Meditación: tres niveles de energía

En primer lugar, apague el ordenador portátil, silencie el móvil o descuelgue el fijo; no tenga la lavadora en marcha ni la televisión, aunque puede poner música suave de fondo. Inicie la meditación, sólo si está seguro de que no va a ser molestado.

Túmbese en la cama, cierre los ojos y relájese. Para ello, vaya moviendo los pies y hágalos girar en redondo: primero el derecho y luego el izquierdo. Vaya subiendo despacio hasta las rodillas, visualícelas y muévalas para relajarlas. Seguidamente, siempre hacia arriba, contraiga los muslos para luego relajarlos. Repita el gesto tres veces y luego, en este orden, mueva las caderas, estire las manos, los codos, mueva los hombros y por fin el cuello. Debe empezar a relajarse. Para ello, espire varias veces e inspire hasta hinchar el vientre todas las veces que considere necesarias; así, va entrando lentamente en la meditación…

Visualice su coche o su bicicleta en el garaje. Ha cogido una mochila con agua y alguna cosa para picar. Llega a un gran parque, donde estaciona. Sale del coche, se descalza y se pone a caminar. Siente la hierba fresca bajo sus pies. Camina un rato y distingue una colina con un pequeño repecho arenoso. Sube despacio y va disfrutando de la naturaleza: la mariposa que revolotea en torno suyo, los campos hasta donde llega la vista. Se encuentra con mucha gente que ha seguido el mismo camino que usted.

Llega a un área donde hay bancos, un gran prado, unos niños que juegan a la pelota, mientras otros lo hacen al tres en raya; unas personas mayores les esperan para merendar. Descansa un poco, bebe y respira. Luego reemprende el paseo.

Llega el segundo nivel, que cuenta con una vista soberbia: allí también hay bancos y decide recobrar fuerzas. Se refresca, mira el cielo azul y el entorno encantador, el aire perfumado, se siente bien y relajado. Al cabo de un rato, decide reanudar el paseo y sigue subiendo en dirección a la tercera área de descanso, que se encuentra cercana.

Una vez allí, nota que le invade la calma. Se instala para contemplar la vista y desde allí observa un paisaje nuevo: el mar de color azul marino, con algunos barcos de recreo y de pescadores. Advierte que le invade la paz, y ve que hay otra persona sentada en el banco; la única aparte de usted que está en esa área de descanso. Decide tumbarse sobre la hierba a fin de reponer fuerzas; todo es tranquilo y magnífico. Así, puede formular todas las preguntas que desee, sobre todo las que nunca han tenido respuestas. Puede quedarse allí de quince minutos a una hora para volver a sus raíces más profundas.

Cuando ha terminado, recoge la mochila e inicia el descenso. El camino le parece más fácil; respira mientras observa el espectáculo que todavía le ofrece la naturaleza. Llega al segundo nivel, donde ahora hay más gente. Se sienta en un banco, bebe, respira y reemprende el camino hacia el primer nivel. Decide bajar hasta la llanura, camina hasta el coche, se pone los zapatos y entra en él. Vuelve a casa.

Puede hacer esta meditación en todas partes. Además, esta le podrá ayudar a entrar en la intuición. Como se trata de una iniciación, sólo hemos abordado tres (en total, hay siete), que hemos visualizado en tres niveles distintos: el chacra raíz, en la ingle; el chacra del bazo en el ombligo y el último chacra en el plexo solar. Durante la meditación, usted se va hundiendo lentamente en su inconsciente, y deja el cuerpo y la materia detrás de usted.

Epílogo

Como ya habrá podido comprobar, el tarot es accesible a todo el mundo. Es un medio de comunicación, de transmisión de ondas, un viaje a lo invisible en el que los arcanos vienen a iluminarnos sobre las peripecias o los acontecimientos a los que debemos hacer frente cada día.

Creo que a lo largo de este libro les he proporcionado las herramientas para desarrollar mejor su intuición en el tarot. Ahora le toca a usted ponerla en práctica. Sobre todo, no dude en llevar consigo el tarot y en utilizarlo cuando sienta la necesidad, para ir descifrando e interpretando los arcanos y poder responder así a todas las preguntas que se plantee.

Piense que cuando le echa las cartas a alguien y duda de usted y de su interpretación, es preferible el silencio. En efecto, el destino está oculto para nosotros, y es más fácil descubrir el de los otros. Si la respuesta a una pregunta formulada no le parece clara, la mejor solución es volver sobre ese interrogante, tomarse su tiempo y dejarse invadir por la calma, la serenidad y las palabras. La precipitación en este campo podría conducir a una mala interpretación.

No será hasta después de que haya realizado numerosas consultas a los arcanos que podrá obtener respuestas claras. No olvide que unas palabras mal interpretadas pueden engendrar unos males en el espíritu del consultante que difícilmente se curarán.

Doy las gracias a todo el equipo que me ha ayudado en la confección de este libro, y a los alumnos que asisten a mis cursos, que me animaron a emprender esta tarea.

Léxico

Arcano: sinónimo de carta adivinatoria.

Arcanos mayores: alma del tarot de Marsella y corazón del tarot (22 naipes).

Chacra: centro sutil de energía del cuerpo. Existen siete chacras.

Consultante: persona que interroga al vidente o cartomántico.

Esoterismo: conjunto de doctrinas secretas, reservadas a los iniciados.

Exprés: corta explicación de un naipe o carta del tarot.

Intuición: hecho, idea o acontecimiento que presentimos incluso antes de que se produzca.

Médium: persona que tiene el don de comunicar con el mundo de lo invisible.

Ondas: energía positiva o negativa que desprende una persona.

Oráculo: juego del tarot.

Resultante: total de las cuatro cartas en una tirada exprés.

Ritual: forma de instalarse antes de empezar una consulta.

Tirada exprés: tirada rápida, lo más clara posible, con cuatro naipes y uno resultante.

Visualizar: imaginar algo que realmente quisiéramos ver delante de nosotros.

www.ingramcontent.com/pod-product-compliance
Lightning Source LLC
Chambersburg PA
CBHW062013180426
43199CB00035B/2600